Netzwerk

Deutsch als Fremdsprache **A1**

Intensivtrainer A1

Paul Rusch

Langenscheidt

Berlin · Madrid · München · Warschau · Wien · Zürich

Von
Paul Rusch

Projektleitung: Angela Kilimann
Redaktion: Sabine Franke
Gestaltungskonzept, Layout und Cover: Andrea Pfeifer, München
Illustrationen: Florence Dailleux
Satz und Repro: kaltner verlagsmedien GmbH, Bobingen

Bildnachweise:
Cover Luc Beziat – Getty Images; shutterstock.com – Robcocquyt **S. 5** Fotolia.com – Momentum; shutterstock.com – Sean Nel **S. 8** shutterstock.com – Chubykin Arkady, InnervisionArt, Zurijeta **S. 9** shutterstock.com – Photosani; Fotolia.com – Digitalpress, Boumenjapet, BK, Paylessimages; shutterstock.com – Evgenia Bolyukh **S. 13** getty; Benno Kilimann; shutterstock.com – PT Images **S. 20** Fotolia.com – contrastwerkstatt **S. 23** shutterstock.com – Terence Mendoza, mangostock **S. 24** Dieter Mayr **S. 26** Katharina Weiß **S. 34**, **38** Dieter Mayr **S. 41** Hemd, Rock: OTTO Katalog, Teppich: shutterstock.com **S. 44** iStockphoto – MikLav; Fotolia.com – Bechtle; iStockphoto – Doug Berry **S. 46** Dieter Mayr **S. 48** Fotolia.com – lu-photo; Getty Images; Fotolia.com – Erik Schumann **S. 56** shutterstock.com – Eric Isselée, Dabrowski; Sabine Wenkums

Netzwerk A1 – Materialien

Teilbände	
Kurs- und Arbeitsbuch A1.1 mit DVD und 2 Audio-CDs	46802
Kurs- und Arbeitsbuch A1.2 mit DVD und 2 Audio-CDs	46803
Gesamtausgaben	
Kursbuch A1 mit 2 Audio-CDs	46799
Kursbuch A1 mit DVD und 2 Audio-CDs	46800
Arbeitsbuch A1 mit 2 Audio-CDs	46801
Zusatzkomponenten	
Lehrerhandbuch A1	46804
Digitales Unterrichtspaket A1	46805
Interaktive Tafelbilder A1 (CD-ROM)	46812
Interaktive Tafelbilder zum Download (auch in kleineren Paketen) unter www.langenscheidt.de/netzwerk	
Intensivtrainer	46813

Symbole

◇	Aufgabe, die Sie mit und ohne Hilfe lösen können.
(→ 4a)	Diese Übung passt zu Aufgabe 4a im Kursbuch.

Besuchen Sie uns auch im Internet:
www.langenscheidt.de/netzwerk
www.langenscheidt-unterrichtsportal.de

Druck und Bindung: Stürtz GmbH, Würzburg

ISBN 978-3-468-46813-1

12010

Inhalt

1 Guten Tag!

1 Welches Wort ist deutsch? Markieren Sie. (→ 1)

Deutsche Wörter:
der Rucksack
das Würstchen
die Autobahn

kahvaltı

frühstük

el desayuno

das Frühstück

un petit-déjeuner

makan pagi

breakfast

snídaně

2

a Minidialoge. Was passt zusammen? Ordnen Sie zu. (→ 2a)

1. _C_ Hallo, ich bin Katharina! Wer bist du?
2. ___ Wie geht's?
3. ___ Und dir?
4. ___ Entschuldigung, wie heißt du?
5. ___ Tschüs Philipp! Bis bald.

A Danke, sehr gut.
B Tschüs!
C Hallo! Ich bin Philipp.
D Philipp.
E Auch gut, danke.

b Schreiben Sie einen Dialog. Achten Sie auf die Satzzeichen.

hallokatharina ____Hallo Katharina!____
hallophilippwiegehts ______________________
dankesehrgutunddir ______________________
esgehtdanke ______________________

~~!~~ . ! ,
? ' , ? .

3

a Welcher Gruß passt? Schreiben Sie. (→ 3a, b)

______________ ______________ ______________ ______________

Gute Nacht! • Guten Morgen! • Guten Abend! • Guten Tag!

b Ergänzen Sie die Wörter.

◆ Gu_t_ _e_ _n_ (1) Morgen! Mein Na___ (2) ist Thomas Steiner.

◇ Guten Mor_____ (3), Herr Steiner. Ich h_______ (4) Susanne Müller.

◆ Guten Tag, F_____ (5) Schmidt. Wie geht es Ih_____ (6)?

◇ Danke g___ (7), und Ihnen?

◆ Auch gut, d_______ (8).

◆ Guten A_______ (9), Herr Schmidt. Das i___ (10) mein Kollege, Felix Winter.

◇ Guten Abend, H_____ (11) Winter.

4 Wer ist das? Kreuzen Sie an. (→ 4)

Laura Stern
Journalistin
Stifterstraße 23
A-4020 Linz
Österreich
Telefon: +43 / (0)732 / 23 79 12
laura-stern@yello.at

Simon Müller
Musiker
Steinweg 118
20459 Hamburg
Deutschland
simon@muellersound.de
www.muellersound.de

1. Das ist ☒ sind ☐ Laura Stern.
2. Er ☐ Sie ☐ kommen ☐ kommt ☐ aus Österreich.
3. Er ☐ Sie ☐ wohnt ☐ wohnen ☐ in Linz.
4. Das sind ☐ ist ☐ Simon Müller.
5. Er ☐ Sie ☐ kommen ☐ kommt ☐ aus Deutschland.
6. Er ☐ Sie ☐ wohnen ☐ wohnt ☐ in Hamburg.

5 Welche Form von *sein* ist richtig? Ergänzen Sie. (→ 4)

bin • bist • ~~ist~~ • ist • ist • sind

1. Guten Morgen! Mein Name _ist_ Selina Lang. Und wie __________ Ihr Name?
2. Hallo, ich __________ Jan. Und du? Wer __________ du?
3. Das __________ meine Kollegin, Frau Lang.
4. Guten Tag, mein Name ist Barbos. Und wer __________ Sie?

6

a ***du* und *Sie*: Ergänzen Sie die Verben in der richtigen Form. (→ 4, 5)**

1. Wie heiß*en*____ Sie?
2. Wo wohn________ Sie?
3. Woher ko________ Sie?
4. Welche Sprachen ____________ Sie?
5. Wie heiß________du?
6. Wo wohn________ du?
7. Woher ko________ du?
8. Welche Sprachen ____________ du?

b ***du* oder *Sie*? Ergänzen Sie die Fragen. (→ 5)**

1. Hallo! Wie *heißt du?*________________? – Ich heiße Jan.
2. Woher ________________________, Herr Hansen? – Aus Deutschland.
3. Wo ________________________? – Ich wohne in Frankfurt. Und du?
4. Welche Sprachen ________________________, Frau Lang? – Spanisch, Englisch und Deutsch.

7

Und Sie? Ergänzen Sie. (→ 5)

Ich heiß*e*___ ________________________________.
Ich komm____ aus ________________________________.
Ich wohn____ in ________________________________.
Ich sprech____ ________________________________.

8

a **Wie heißen die Zahlen? Schreiben Sie. (→ 6)**

1	2	3	4	5
eins				

6	7	8	9	10

b **Rechnen Sie. Wo ist das Ergebnis 9? Markieren Sie.**

Zwei plus sieben ist gleich neun.

zwei x fünf	zwanzig : zwei	vier x zwei	vier + fünf
zwei + sieben	fünf x zwei	zwanzig – elf	sechzehn – acht
elf – drei	drei x drei	drei + fünf	fünfzehn + vier
neunzehn – zehn	dreizehn – eins	achtzehn : zwei	vierzehn – sechs
sieben + fünf	vier + sieben	siebzehn – neun	siebzehn – acht

!
+ plus
– minus
x mal
÷ geteilt durch
= ist gleich

c **Wie geht die Reihe weiter? Ergänzen Sie die Zahlen.**

1. eins – fünf – neun – *dreizehn* – ______
2. zwei – vier – acht – ______
3. eins – zwei – vier – sieben – ______ – ______
4. vier – acht – zwölf – ______ – ______
5. zwanzig – achtzehn – fünfzehn – elf – ______ – ______

9 Wie heißen die Wörter richtig? Schreiben Sie. (→ 4)

NEMA	*Name*	ETSCHULNDIUGNG	______
SRAPCHE	______	HDANYNMMEUR	______
TLEFEONNEMMUR	______	LNAD	______
PSOTLIETAHZL	______	WBESTIEE	______

10 Groß oder klein? Ergänzen Sie die Buchstaben. (→ 7)

1. *H*allo, ich ___in Jana. ___nd wie ___eißt du?
2. ___ch komme ___us Polen. Und ___oher kommst ___u?
3. ___err Peters ___ohnt in ___rankfurt. Und ___o wohnen ___ie?
4. Frau Lang ___pricht Spanisch, ___nglisch und ___eutsch. ___elche ___prachen sprechen Sie?
5. ___ie heißt ___u? – Ruzena. – Wie ___itte? ___annst du ___as ___uchstabieren?
6. ___ie geht es ___hnen? – ___anke, es ___eht. ___nd Ihnen?
7. Auf ___iedersehen, ___err Hansen! – ___uf ___iedersehen!

11 a Wie sagt man? Ordnen Sie zu. (→ 7b)

@ ______   – ______   . ______   _ ______

Punkt • Unterstrich • minus • at

b **Schreiben Sie die E-Mail-Adressen.**

HANNAUNTERSTRICHBIMMLERATOLAPUNKTDE	*hanna_bimmler@ola.de*
ALEXMINUSLENERATOLAPUNKTAT	______
PIAUNTERSTRICHREMLERATQUINNETPUNKTCH	______

12 Wie sagt man? Ordnen Sie zu. (→ 7c)

1. du / das / buchstabieren / kannst / ? — *Kannst du* ______
2. noch / bitte / Entschuldigung, / einmal /. — ______
3. langsamer / bitte / bisschen / ein / . — ______
4. ich / das / verstehe / nicht / . — ______

13 Woher kommen die Personen? Wo wohnen sie? Welche Sprachen sprechen sie? Ergänzen Sie die Tabelle. (→ 8a)

Anna Thalmann kommt aus Russland. Sie wohnt in Berlin. Sie spricht Deutsch und Russisch. Und sie lernt Englisch.

Hanno Häberli wohnt in Frankfurt. Er kommt aus der Schweiz. Er lernt Englisch und er spricht Deutsch, Französisch und Italienisch.

Esra Zengin spricht Türkisch und Deutsch. Sie kommt aus Deutschland. Sie lebt in Köln. Esra lernt Englisch und Chinesisch.

Name	wohnt in ...	kommt aus ...	spricht ...	lernt ...
Anna Thalmann	*Berlin*			
Hanno Häberli				
Esra Zengin				

14 Sprachen und Länder. Schreiben Sie die Wörter richtig. (→ 8b–d)

Sprachen

~~Sapnish~~	*Spanisch*	~~turkish~~	______	~~italisch~~	______
~~Deutch~~	______	~~Änglish~~	______	~~Arabic~~	______

Länder

~~Schwietz~~	______	~~kina~~	______	~~francriech~~	______
~~agipten~~	______	~~Ostereich~~	______	~~Rousland~~	______

15 Welche Antwort passt nicht? Streichen Sie durch. (→ 8d)

1. ◆ Guten Tag, Frau Lang.	◇ Guten Tag!	◇ ~~Auf Wiedersehen!~~	◇ Guten Tag, Herr Walder.
2. ◆ Wie geht es Ihnen?	◇ Anna, und du?	◇ Gut, danke!	◇ Sehr gut, und Ihnen?
3. ◆ Woher kommst du?	◇ Aus Berlin.	◇ In Frankfurt.	◇ Aus Österreich.
4. ◆ Wo wohnen Sie?	◇ In Frankfurt.	◇ Ich wohne in Genf.	◇ Aus Salzburg.
5. ◆ Welche Sprache sprichst du?	◇ Ich lerne Thai.	◇ Aus Deutschland.	◇ Deutsch.

Freunde, Kollegen und ich

2

1

a Was machen die Leute gern? Notieren Sie die Ausdrücke und Verben. (→ 1)

chat chen gen gen ~~hö~~ ~~ren~~ jog ko men ~~Mu~~ rei ten schwim ~~sik~~ sen sin tan zen

Musik hören ________ ________ ________

________ ________ ________ ________

b Ergänzen Sie die Endungen.

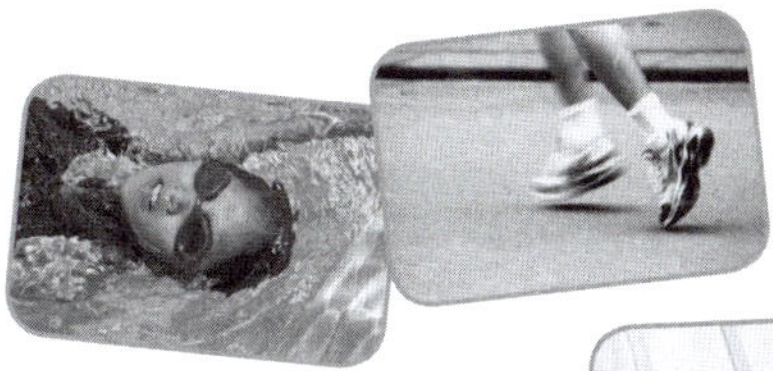

Emily, was mach*st* (1) du denn gern?

Also, ich schwimm___ (2) gern und ich jogg___ (3) auch oft, besonders im Sommer.

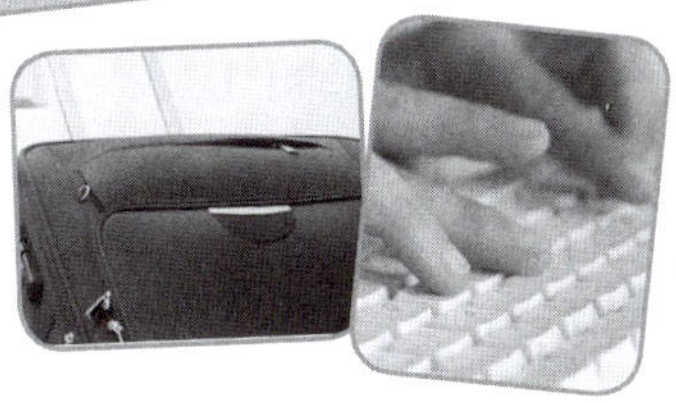

Herr Tretjak, chatt___ (4) Sie gern?

Ja, sehr gern. Und ich reis___ (5) auch gern.

Katja und Tom, was mach___ (6) ihr denn gern?

Ja, also, wir fotografier___ (7) sehr gern. Und am Wochenende tanz___ (8) wir gern.

2

Was gehört zusammen? Schreiben Sie. (→ 2)

1. Ich jogge gern. Und Sie? *Joggen* ________ Sie auch gern?
2. Was macht Emily gern? Singt ________
3. Und Frau Weber? ________ sie gern?
4. Boris chattet gern. ________ auch gern?
5. Und Gregor Jamek? Was ________
6. Und du? ________ gern Musik?
7. Herr Jamek, fotografieren ________

Chattet | macht er gern? | ~~Joggen~~ | Hörst du | sie gern? | Reist er | Sie gern?

3

a Groß oder klein? Schreiben Sie die Sätze. (→ 3)

1. katjapetrowkochtgern *Katja Petrow kocht gern.*
2. tomundkatjareisenoft ________
3. bettyliebtbücherundliestgern ________
4. benhörtgernmusikundsingtsuper ________
5. markusundhannesspielenfußball ________

b Ja-/Nein-Fragen. Ergänzen Sie die Verben in der richtigen Form. (→ 3b)

1. 

kochen *Kochst du* __________ gern?
lesen __________ gern?
sprechen __________ Deutsch?

Es geht.
Ja, sehr gern.
Ja.

2. 

wohnen *Wohnt ihr* __________ in Berlin?
kommen __________ aus Österreich?
lernen __________ Spanisch?

Nein, in Wien.
Ja.
Nein, Russisch.

3. 

reisen *Reisen Sie* __________ gern?
fotografieren __________ auch gern?
hören __________ gern Musik?

Nein.
Oh ja!
Es geht.

4

Ein Satz-Labyrinth: Beginnen Sie mit ◯. Suchen Sie drei Ja-/Nein-Fragen und fünf Sätze. Schreiben Sie. (→ 3b)

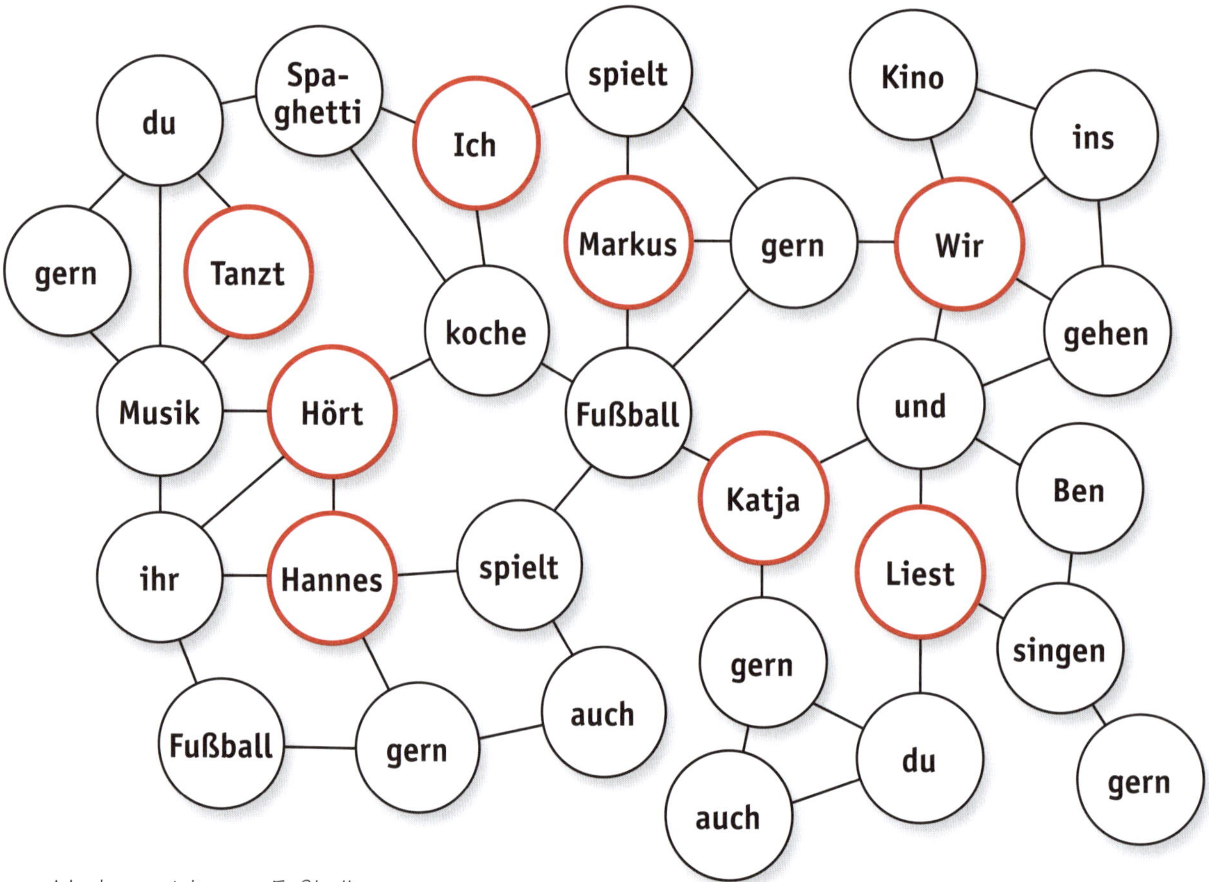

Markus spielt gern Fußball. __________ __________?
__________ __________ __________?
__________ __________ __________?

5 a Wohin gehen die Personen? Ergänzen Sie die Wörter. (→ 5a, b)

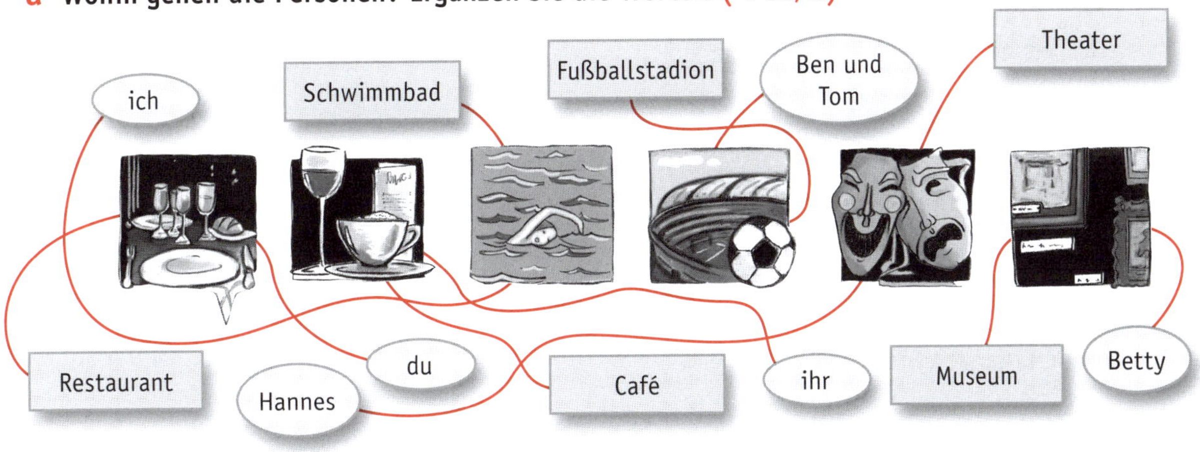

Ich gehe ____ ins *Schwimmbad.* ____ | ____ ins ____
____ ins ____ | ____ ins ____
____ ins ____ | ____ ins ____

b Ergänzen Sie die Dialoge.

◆ Gehen w*i* *r* ins Ca_ _?
◆ Ja, ge__ __. Wann?
◆ Heu__ __.
◆ Ne__ __, das ge__ __ leider ni__ __ __.
◆ Am Frei__ __ __?
◆ Ja, __ __ __ geht.

◇ Ge__ __ __ wir ins Th__ __ __ __ __?
◇ Ja, gern. Wa__ __?
◇ A__ Sam__ __ __ __.
◇ D__ __ geht lei__ __ __ nicht.
◇ U__ __ am So__ __ __ __ __?
◇ J__, das ge__ __. Super.

Am • Café • das • Das • Freitag • Gehen • geht • geht • gern • Heute • Ja • leider • Nein • nicht • Samstag • Sonntag • Theater • Und • ~~wir~~ • Wann

6 a Markieren Sie die Berufe. Schreiben Sie die Wörter mit Artikel und Plural. (→ 7–9)

BALTEARCHITEKTINMAKTERÄRZTINKINGETROELEKTRIKERMOLASIHAUSMEISTERGKJENINGENIEUR
FARINETJOURNALISTBELKASOJURISTINFUBELILEHRERINASQUERPROFESSORGELISAKRISTUDENT
VOLABEITAXIFAHRERINKRAWINTECHNIKERINGRIBLEGAN

____ ____ ____
____ ____ ____
____ ____ ____
____ ____ ____

b Fragen zum Beruf. Schreiben Sie die Fragen. (→ 7d)

1. was / du / von Beruf / sein / ? *Was bist du von Beruf?*
2. wann / du / arbeiten / ? ____
3. wann / du / frei / haben / ? ____
4. du / am Wochenende / arbeiten / ? ____

7 Was gehört zusammen? Ordnen Sie zu. (→ 7)

1. Ich bin Studentin und wohne ____
2. Ich studiere von Montag bis Freitag, aber ____
3. An der Uni gibt es ____
4. Ich lese sehr gern ____

A am Wochenende habe ich frei.
B 670 Studenten – zu viele!
C und habe viele Bücher.
D in Köln.

8 Und Ihr Beruf? Ergänzen Sie. (→ 7)

Ich bin ______________________ (von Beruf).
Ich arbeite bei ______________________.
Ich arbeit_____ von __________ bis __________.
Am ______________________ habe ich frei.
Ich ______________________ gern.

9 Ordnen Sie von klein nach groß. Notieren Sie die Wörter mit Artikel. (→ 7a)

Jahr • Monat • ~~Stunde~~ • Tag • Woche

die Stunde _______ _______ _______ _______

10 a Wie ist die Telefonnummer? Schreiben Sie die Zahlen. (→ 7b)

Die Telefonnummer ist

1. 0 5 5 3 / 64 52 31 *null fünf fünf drei / vierundsechzig*
2. 0 6 8 9 / 1 17 420 ______________________
3. 0 1 5 2 / 56 27 12 ______________________
4. 0 9 7 4 6 6 / 81 10 27 ______________________

b Ergänzen Sie den Text.

Ein Tag hat *vierundzwanzig* Stunden. Eine Woche hat __________ Tage.
Das Jahr hat __________ Monate, __________ Wochen,
__________ Tage oder 8760 (achttausendsiebenhundertsechzig)
__________.

11 Ergänzen Sie Artikel und Singular. Der Lernwortschatz im Arbeitsbuch hilft. (→ 8)

der *Freund*, Freunde	______ ______, Menschen
______ ______, Freundinnen	______ ______, Frauen
______ ______, Kollegen	______ ______, Personen
______ ______, Kolleginnen	______ ______, Namen
______ ______, Partner	______ ______, Länder
______ ______, Partnerinnen	______ ______, Städte

12 Ergänzen Sie die richtige Form von *sein*. (→ 9)

Das *sind* (1) Hannes und ich. Wir ______ (2) Freunde und spielen Fußball. Hannes ______ (3) Techniker bei Siemens, ich ______ (4) Student.

Hallo! Ich ______ (5) in Paris. Es ______ (6) super, ich liebe die Stadt! Wo ______ (7) ihr? Was macht ihr? LG

13 Schreiben Sie die Jahreszeiten und Monatsnamen richtig. (→ 11)

FR__HL__NG	M__RZ	__PR__L	F__BR__A__
S__MM__R	J__N__	J__L__	__ __G__ST
H__RBST	S__PT__MB__R	__KT__B__R	N__V__MB__R
W__NT__R	D__Z__MB__R	__AN__AR	M__ __

14 Welches Wort passt? Ordnen Sie zu. (→ 12)

die Telefonnummer

die Adresse

der Nachname

der Beruf

Katja Petrow
Programmiererin

Straße des 17. Juni 131
10623 Berlin
+49 / 30 / 317 11 28
mobil: 0157 / 17 43 65 99
katja.petrow@gigabiz.com

der Vorname

die E-Mail-Adresse

die Handynummer

3 In der Stadt

1

a Welche Wörter sind deutsch? Kreuzen Sie an. Markieren Sie die Merkmale. (→ 1)

☐ the market	☐ le marché	☐ el mercado	☐ pazar	☐ der Markt	☐ marknad
☐ hotel	☐ das Hotel	☐ l'hôtel	☐ the hotel	☐ otel	☐ el hotel
☐ park	☐ the park	☐ el parque	☐ der Park	☐ park	☐ le parc
☐ station	☐ la estación	☐ der Bahnhof	☐ la gare	☐ istasyon	☐ the station
☐ der Fluss	☐ nehir	☐ the river	☐ el río	☐ le fleuve	☐ flod

b Schreiben Sie die Wörter richtig. Ergänzen Sie Artikel und Plural.

1. TRUM _der Turm_ _die Türme_
2. LNAD ____________ ____________
3. SßRATE ____________ ____________
4. TMREANIL ____________ ____________
5. GHCSEFÄT ____________ ____________
6. SADTT ____________ ____________

2

Ergänzen Sie die Texte. (→ 1)

12.000 Sch_i_ _f_ _f_ _e_ (1) pro Jahr – das i__ __ (2) der Hamburger Hafen. D__ __ (3) Schiffe fahren in 900 St__ __ __ __ (4), in 175 Länder. Der Ha__ __ __ (5) liegt an der Elbe. Die Elbe ist ein großer F__ __ __ __ (6). Bis zum Meer s__ __ __ (7) es circa 100 km.

Das Rathaus in Hamburg besuchen jedes J__ __ __ (8) mehr als 100.000 Me__ __ __ __ __ __ __ (9). E__ (10) ist über 110 Jahre a__ __ (11). Es ist 111 M__ __ __ __ (12) breit und der T__ __ __ (13) ist 112 Meter hoch.

3

Welches Adjektiv passt? Ergänzen Sie. (→ 1)

1. Die Stadt Hamburg ist _groß_.
2. Der Fischmarkt ist 220 Jahre ____________.
3. Der Michel ist sehr ____________. Es ist Platz für 2500 Menschen.
4. Der Turm vom Michel ist 132 m ____________.
5. Die Köhlbrandbrücke im Hamburger Hafen ist 3618 Meter ____________.
6. Die Schiffe im Hafen sind groß, über 300 Meter ____________ und 50 Meter ____________.

alt • breit • groß • ~~groß~~ • hoch • lang • lang

4

Was gehört zusammen? Ordnen Sie zu. (→ 1)

1. Mehr als 100.000 Menschen besuchen _C_
2. 12 000 Schiffe fahren von Hamburg ___
3. 5 Millionen Menschen kommen ___
4. Der Hamburger Hafen ___
5. Der Michel ist ___

A pro Jahr zum Fischmarkt.
B liegt an der Elbe.
C das Rathaus in Hamburg.
D das Symbol von Hamburg.
E in 175 Länder.

5 Welchen Artikel hat das Wort im Singular? Markieren Sie die Artikel. (→ 3)

der	das	die	Mensch	der	das	die	Frau
der	das	die	Besucher	der	das	die	Restaurant
der	das	die	Foto	der	das	die	Herr
der	das	die	Buch	der	das	die	Freund
der	das	die	Person	der	das	die	Café
der	das	die	Freundin	der	das	die	Kollegin

6 Was ist das? Ergänzen Sie die Artikelwörter. (→ 4)

das • der • die • die • ~~ein~~ • ein • eine

1. 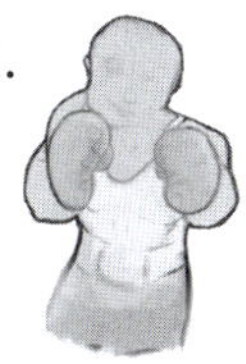
Ist das *ein* Boxer?
Ja. ________ Boxer heißt Faustino.

2. 
Ist das ________ Theater?
Ja, das ist ________ Thalia-Theater in Hamburg.

3. 
Ist das ________ Journalistin?
Ja. ________ Journalistin heißt Hansen. Sie arbeitet in Hamburg.

4. 
Sind das Schiffe?
Ja. ________ Schiffe liegen im Hamburger Hafen.

7 Was ist das? Schreiben Sie die Wörter mit dem unbestimmten Artikel. (→ 4)

der Stift
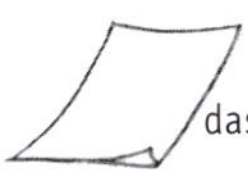
das Blatt

der CD-Player

das Buch

der Block
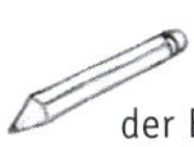
der Bleistift
der Radiergummi
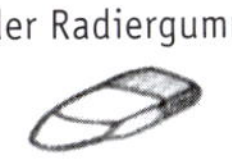

die Tafel

Auf dem Bild ist ...

ein Bu*ch*, ________ Blei_ _ _ _ _ _,
________ Blo_ _, ________ Bla_ _,
________ St_ _ _, ________ _ _ _ _ _ _ _ _gummi,
________ Ta_ _ _ und ________ CD-Player.

8 Lösen Sie das Rätsel. Wie heißt das Lösungswort? (→ 6)

Tipp
Straße = STRASSE
ä, ö, ü = AE, OE, UE
Züge = ZUEGE

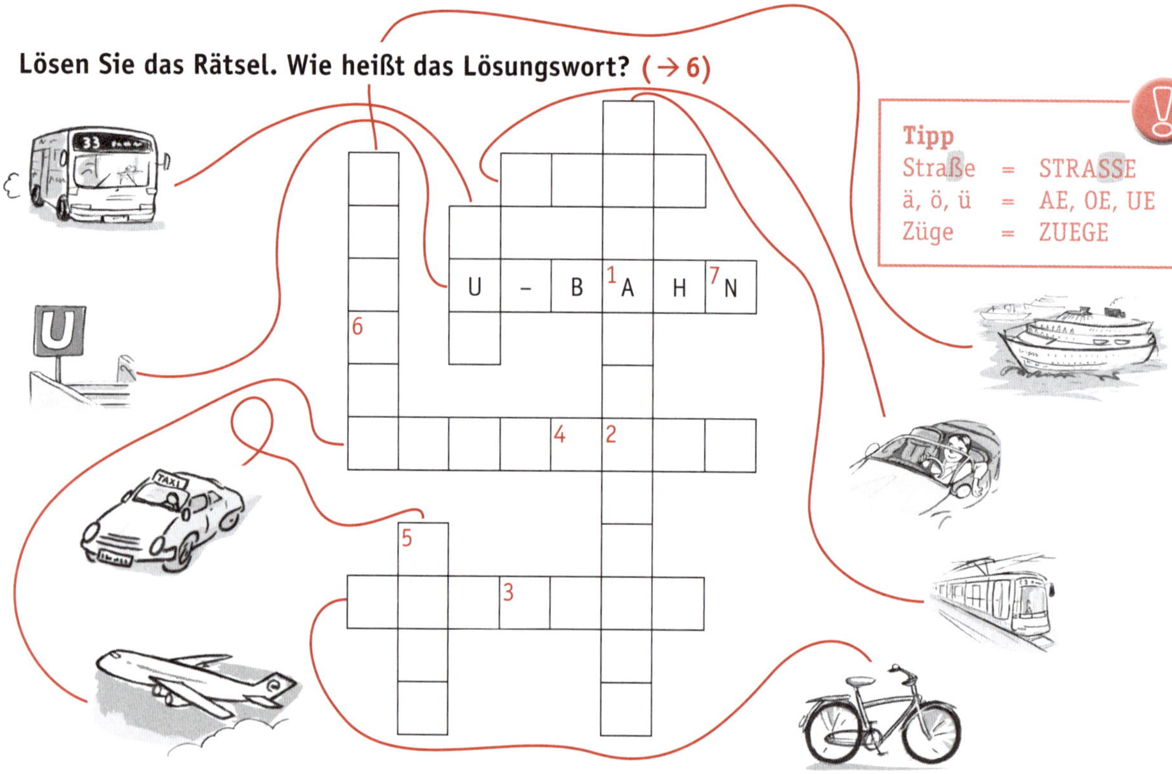

Das Lösungswort heißt: __ __ __ __ __ __ __

9 Schreiben Sie die Sätze richtig. (→ 6)

1. ojekeinfahrradschnelldaisteinBus **, ! , !** — *O je, kein Fahrrad! Schnell, da* ______
2. achneekeinbusalsoschnellzurubahn **, . – !** ______
3. ohneinkeinefahrkarte **! !** ______
4. ichgehezufußjetztaberschnell **. !** ______

5. woistderweglinksgerade ausoderrechts **? , ?** — *Wo* ______
6. heutekeintestsoein glück **! !** ______

10 *ein, eine* oder *kein, keine*? Ergänzen Sie den Artikel oder ▢. (→ 6c)

◆ Ist das *ein* (1) Hotel?
◇ Nein, das ist ______ (2) Hotel. Das ist ______ (3) Restaurant.

◆ Ist das ______ (7) Fahrkarte?
◇ Nein, das ist ______ (8) Fahrkarte. Das ist ______ (9) Foto.

◆ Sind das ______ (4) Zahlen?
◇ Nein, das sind ______ (5) Zahlen. Das sind ______ (6) Buchstaben.

◆ Liechtenstein? Ist das ______ (10) Stadt?
◇ Nein, das ist ______ (11) Stadt. Das ist ______ (12) Land.

11 Ergänzen Sie die Dialoge. (→ 7)

Gespräch 1:

◆ Entschuldigung, ich h*a* *b* *e* (1) eine Frage.
◇ Ja, bi__ __ __ (2) ?
◆ Wo i__ __ (3) das Rathaus?
◇ Das ist ganz ei__ __ __ __ __ (4). Gehen Sie hier ger__ __ __ __ __ __ (5) und dann li__ __ __ (6), circa 200 M__ __ __ __ (7).
◆ Also hier geradeaus und d__ __ __ (8) links. Vie__ __ __ (9) Dank.
◇ Bitte, ge__ __ (10).

Gespräch 2:

◆ Entsch__ __ __ __ __ __ __ __ (11), wo ist der Bahnhof?
◇ Der Bahnhof? G__ __ __ __ (12) Sie hier re__ __ __ __ (13). Da ist die Mönckebergstraße. Gehen S__ __ (14) immer geradeaus, ci__ __ __ (15) einen Kilometer.
◆ Und d__ __ __ (16)?
◇ Immer geradeaus, d__ (17) ist der Bahnhof.
◆ Vielen D__ __ __ (18).

12 a Was ist da? Ergänzen Sie die Wegbeschreibungen. (→ 7 und 8)

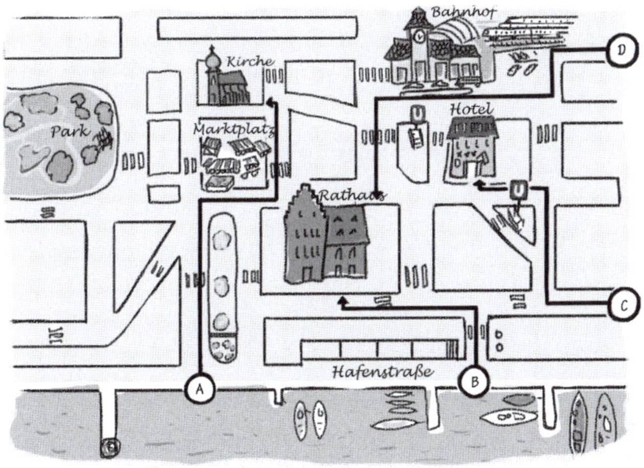

A Gehen Sie geradeaus, circa 200 Meter, da ist *ein Platz* ____________. Gehen Sie rechts und dann ________________. Da ist ________________.

B Sie gehen hier ________________, etwa 50 Meter, und dann gehen Sie gleich links, 200 Meter. Dann sind Sie da. Rechts ist ________________.

C Fahren Sie bis zur ersten Straße. Dort fahren Sie rechts. Da ist ________________. Dann fahren Sie ________________, circa 100 Meter. Da ist ________________.

D Fahren Sie geradeaus. Da ist ________________. Da fahren Sie ________________ und dann ________________, circa 150 ________________ bis zur U-Bahn. Da fahren Sie links und dann immer ________________. Dann sind Sie am ________________.

b Wegbeschreibungen geben. Schreiben Sie. (→ 8)

1. 100 Meter / geradeaus / Sie / gehen / . *Gehen Sie 100 Meter geradeaus.*
2. links / und dann rechts / Sie / fahren / . ________________
3. mit dem Bus / Sie / fahren / . ________________
4. einfach / zu Fuß / gehen / Sie / . ________________
5. nicht / mit dem Taxi / fahren / Sie / . ________________
6. einfach / das / ganz / ist / . ________________

13 Was ist (nicht) auf dem Stadtplan? Schreiben Sie. (→ 8)

Museum
Theater
Kinos
Café
Fußballstadion
Restaurants
Hafen
Bahnhof
Kirche
Flughafen
Rathaus
Markt
Geschäfte
Hotels

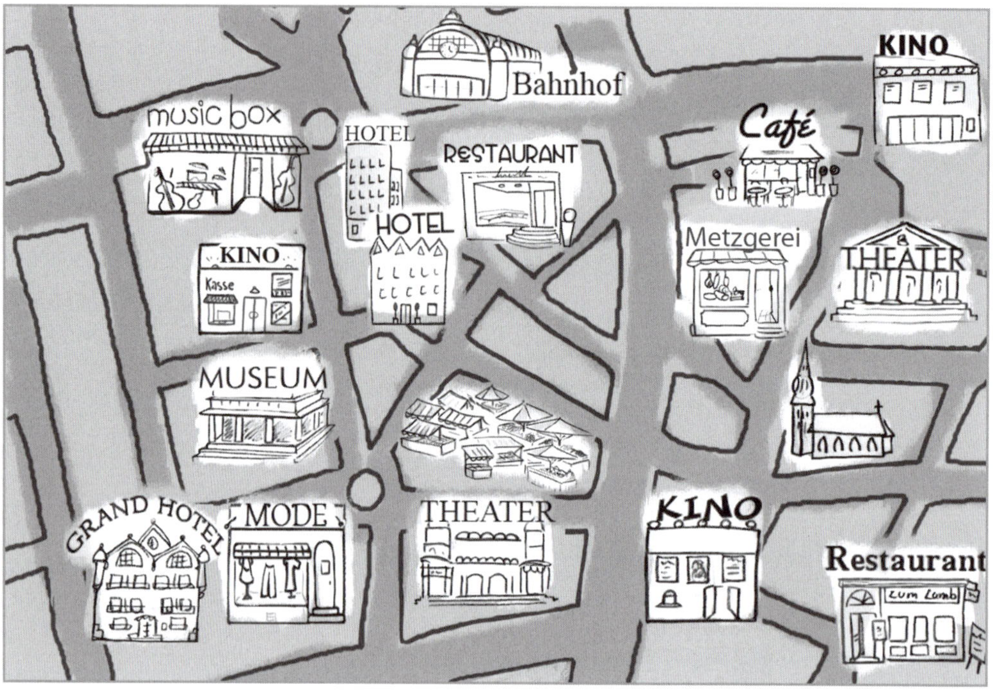

Auf dem Stadtplan ist *ein Museum,* ____________________

Auf dem Stadtplan sind ____________________

Hier ist *kein Fußballstadion,* ____________________

14 Ergänzen Sie die Verben. (→ 9)

1. fahren — Wann *fährst* du zum Festival? – Ich ________ im September.
2. gehen — ________ du ins Theater? – Nein, ich ________ in ein Musical.
3. geben — Was ________ es im September? – Da ________ es das Filmfest.
4. haben — ________ du viel Zeit in Hamburg? – Nein, nur drei Tage.
5. wohnen — Wo ________ du? – Im Jugendhotel.
6. sprechen — ________ du gut Deutsch? – Ja, es geht.

15 Events in Hamburg. Ergänzen Sie die Fragewörter. Ordnen Sie die Antworten zu. (→ 9)

~~wann~~ • was • wer • wie • wo • woher

1. *Wann* bist du in Hamburg? *F*
2. ________ fährt auch nach Hamburg? ____
3. ________ wohnst du in Hamburg? ____
4. ________ gibt es im September? ____
5. ________ kommt Inés? ____
6. ________ kommst du zum Hotel? ____

A Im Hotel „Alsterblick".
B Aus Barcelona.
C Eine Freundin. Inés.
D Mit dem Taxi.
E Das Filmfest. Ich gehe gern ins Kino.
F Im September.

Guten Appetit!

1

a Wo gibt es die Sachen? Schreiben Sie die Wörter mit Artikel. (→ 1+2)

~~Banane~~ • die Kekse • Schinken • Marmelade • Sahne • Orangensaft • Tomate • Wurst • Wasser • Ei • ~~Zucker~~ • Gurke • Apfelsaft • Milch • Salat • die Kartoffeln • Kuchen • Birne • Cola • Müsli • Reis • Hähnchen • Zwiebel • die Nudeln • die Oliven • Brot • Käse • Schokolade • Kaffee • Joghurt • ~~Salz~~ • Fleisch • Brötchen • Tee • Butter

b Was sehen Sie auf dem Bild? Zählen Sie.

drei Tomaten ______ ______ ______ ______

______ ______ ______ ______ ______

2

a Beim Einkaufen. Welche Antwort passt? Ordnen Sie zu. (→ 2)

1. D Ja, bitte? Was kann ich für Sie tun?
2. ____ Gerne. – Hier, bitte schön. Noch etwas?
3. ____ Hier sind Ihre Bananen und Äpfel. Haben Sie noch einen Wunsch?
4. ____ Das macht dann zusammen 8 Euro 20.
5. ____ Und 1 Euro 80 zurück. Vielen Dank, und auf Wiedersehen!

A Auf Wiedersehen!
B Einen Moment, bitte. Hier.
C Ja, noch vier Bananen und ein Kilo Äpfel.
D Ich brauche Kartoffeln. Zwei Kilo.
E Nein, das ist alles. Danke.

b Schreiben Sie einen Dialog. Achten Sie auf die Satzzeichen.

◆ Guten Mo_rgen_ (1).
◆ Gu___ (2) Morgen, Herr Jamek. Bitte schön?
◆ Geben S__ (3) mir bitte d__ (4) Brot da links.
◆ Gerne. Ha___ (5) Sie noch einen Wunsch?
◆ Ja. No__ (6) drei Brötchen, bi___ (7).
◆ Hier, das B___ (8) und drei Brötchen. Das m____ (9) zusammen 2 E___ (10) 90.

c Schreiben Sie die Sätze. Achten Sie auf die Satzzeichen und auf große Buchstaben.

1. gutentagwasmöchtensiebitte — _Guten Tag! Was_
2. 200grammschinken — ______
3. habensienocheinenwunsch — ______
4. jaichbrauchenochdreibrötchen — ______
5. hierbitteschönnochetwas — ______

. , ? .
. , ?
, ? ! .

3 Geschäfte. Schreiben Sie mit Artikel. (→ 2c)

B_CK_R__	M_RKT_	S_P_RM_RK_	M_TZG_R__
die Bäckerei			

4 Was frühstücken die Personen? Schreiben Sie Sätze. Beginnen Sie mit ○. (→ 4)

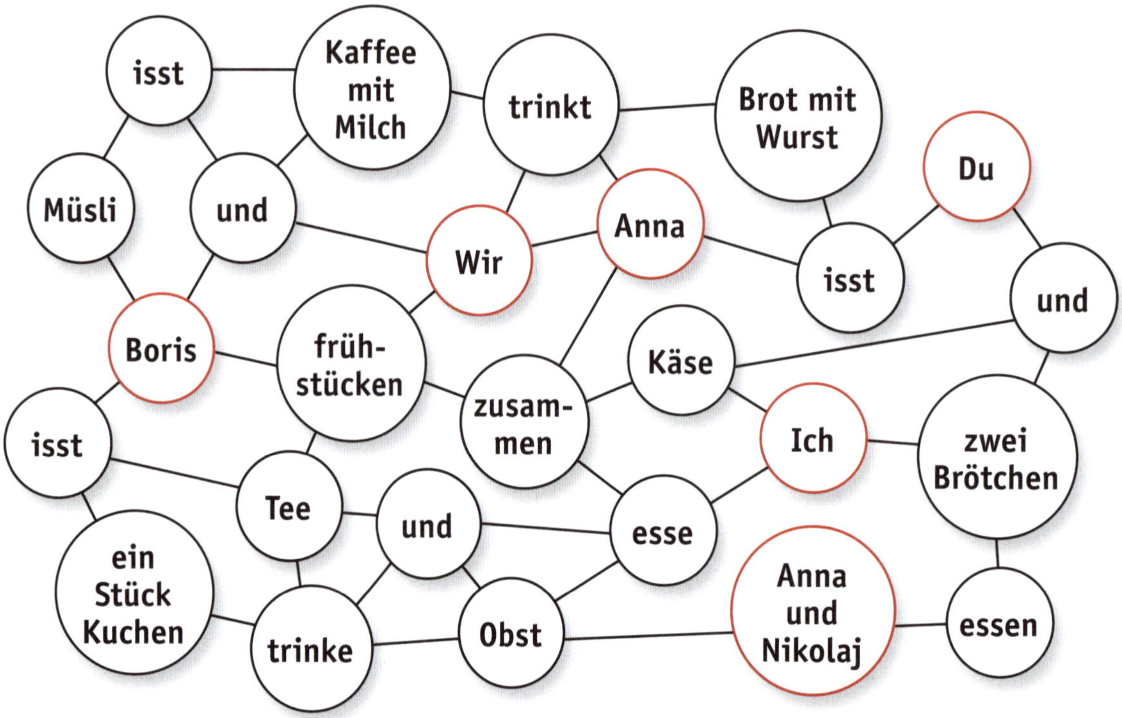

Boris isst ein Stück Kuchen.
______
______

5 Wann machen die Personen das? Schreiben Sie die Sätze wie im Beispiel in die Tabelle. (→ 4)

1. Sabine Olt isst nur Obst.
2. Frau Olt isst gern Brot, Salat oder eine Suppe.
3. Herr Baumeister frühstückt nicht.
4. Lars Baumeister kocht oft Fisch.
5. Wir essen Fisch oder Fleisch mit Gemüse.
6. Ich trinke nur einen Kaffee mit Milch.

zum Frühstück
mittags
abends
am Wochenende
abends
am Vormittag

1.	*Zum Frühstück*	*isst*	*Sabine Olt nur Obst.*
2.			
3.			
4.			
5.			
6.			

6

a Ergänzen Sie den Artikel. (→ 6)

der Kuchen ______ Fleisch ______ Wurst
______ Pizza ______ Brot ______ Salat

b Was machen die Leute? Welcher Artikel ist richtig? Kreuzen Sie an.

1. Ich mache für die Party ein ☐ einen ☐ Kuchen.
2. Mario macht das Abendessen. Er kocht das ☐ den ☐ Fleisch.
3. Wir kaufen in der Bäckerei den ☐ das ☐ Brot.
4. Am Abend macht Elena einen ☐ eine ☐ Pizza.
5. Katrin und Lukas machen für das Essen den ☐ der ☐ Salat.
6. Florian isst die ☐ den ☐ Wurst.
7. Katrin kauft die ☐ den ☐ Getränke.
8. Ich brauche den ☐ das ☐ Öl.
9. Wir essen den ☐ die ☐ Tomaten.

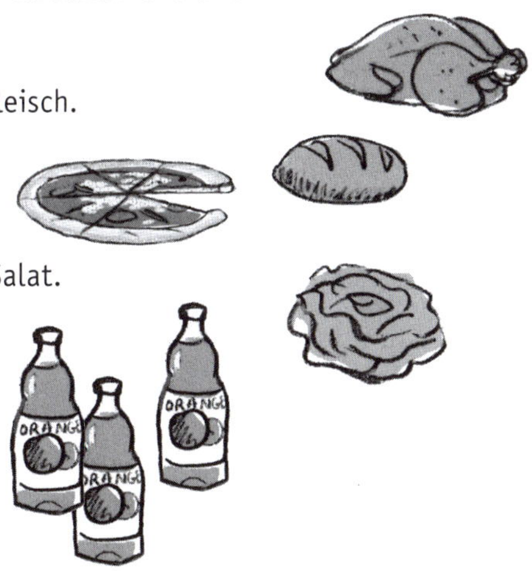

7 Vor der Party. Was machen die Personen? Ergänzen Sie die Verben und die Artikel. (→ 6)

To do

Mario – Getränke kaufen, Salat machen
Florian – Brot kaufen, Käse kaufen
Elena – Kuchen machen, Abendessen kochen

Mario *kauft* (1) im Supermarkt *die* (2) Getränke.
Dann ______ (3) er ______ (4) Salat.

Florian ______ (5) in der Bäckerei ______ (6) Brot.
Auf dem Markt ______ (7) er ______ (8) Käse.

Elena ______ (9) zu Hause ______ (10) Kuchen.
Dann ______ (11) sie ______ (12) Abendessen.

8

a Beim Einkaufen. Welches Artikelwort ist richtig? Ergänzen Sie. (→ 8)

Ich möchte ein *(1) Stück Käse, bitte.*

Entschuldigung, was kostet ________ (2) Fisch?

Wo finde ich ________ (3) Zucker, bitte?

Ich brauche ________ (4) Euro für den Einkaufswagen.

Was kosten ________ (5) Tomaten?

Brauchen Sie ________ (6) Tüte?

Wie teuer ist ________ (7) Stück Kuchen?

Brauchen Sie ________ (8) Kassenzettel?

den • den • der • die • ein • ~~ein~~ • eine • einen

b Schreiben Sie Sätze. (→ 8)

1. wo / ich / das Salz / finden / ? — Wo finde ich das Salz?
2. wie viel / der Apfelsaft / kosten / ? ________
3. wie teuer / die Eier / sein / ? ________
4. was / zwei Kilo Äpfel / kosten / ? ________
5. auch / Oliven / Sie / haben / ? ________
6. woher / der Fisch / kommen / ? ________

9

a Kennen Sie die Wörter? Welche Verpackung passt? Schreiben sie die Wörter mit Artikel. (→ 8)

cker • ~~ne~~ • Reis • gen • ghurt • la • la • Mar • O • de • Co • Zu • ran • saft • ~~Sah~~ • Jo • me

der Becher: die Sahne, ________
die Flasche: ________
die Packung: ________
das Glas: ________

b Markieren Sie die Maße. Ergänzen Sie.

ASERGRAMMBLAGIGSTÜCKGRISTKILOXERKALOLITERMAGOGRAMMBILITERGIS

1. Ich möchte noch 200 Gramm Wurst.
2. Wir brauchen 2 ________ Kartoffeln.
3. Kauf noch einen ________ Milch, bitte.
4. Katrin isst 3 ________ Kuchen.
5. Kaufst du 100 ________ Salami, bitte?
6. Ein ________ Olivenöl kostet 7,90 Euro .

10 Wie sagt man diese Preise? Kreuzen Sie an. (→ 8)

4,90 €
- [a] Vier Euro neunzig.
- [b] Vier neunzig Euro.

€ 7,80
- [a] Euro sieben achtzig.
- [b] Sieben Euro achtzig.

0,79 €
- [a] Euro Null Komma neunundsiebzig.
- [b] Neunundsiebzig Cent.

€ 11,05
- [a] Elf Euro und fünf Cent.
- [b] Elf Euro fünfzig.

11 Das Essen. Ergänzen Sie die Gespräche. (→ 10)

◆ Guten Appe*t i t* (1)!

◆ Da___ (2) gleichfalls. … Mmh, der Fi___ (3) ist gut.

◇ Ja, d___ (4) Fisch schmeckt sehr g___ (5)!

◆ Vielen Dank. Mö_____ (6) Sie noch Salat?

◆ N___ (7) danke. Es ist se___ (8) gut, aber ich b___ (9) satt.

◆ Möchtet ihr noch etwas tri____ (10)?

◆ Ich möcht ei___ (11) Apfelsaft bitte. Oder nein, ein G___ (12) Wasser!

◇ Ich ne___ (13) ein Bier, bi___ (14).

◆ Und noch Flei___ (15) oder Würstchen?

◆ Ich nehme noch zwei Wür______ (16). Die sind sehr le____ (17).

12 Was mögen die Leute nicht? Schreiben Sie Sätze. (→ 11)

~~mag~~ • mag • magst • mögen • mögen • mögt

1. Ich *mag keinen Fisch.*
2. Du ___
3. Lara ___

4. Wir ___
5. Ihr ___
6. Lara und Nikolaj ___

13 Und Sie? Ergänzen Sie Ihre Speisen und Getränke. (→ 11)

Ich esse gern ___

Ich trinke gern ___

Ich finde ___ sehr lecker.

Ich esse kein___ ___

14 Suchen Sie die Antworten in den Texten. (→ 12)

Josef Rinner wohnt in Meersburg am Bodensee. Er ist Landwirt und hat einen Bauernhof. Josef Rinner und seine Frau produzieren Obst und Gemüse. Frau Rinner verkauft am Mittwoch und Samstag das Obst und Gemüse auf dem Markt. „Am Samstag arbeite ich auch auf dem Markt", sagt Herr Rinner, „da kommen viele Leute. Ich bin nicht gern auf dem Markt. Aber ich mag die Arbeit auf dem Bauernhof."

Berna Ekici wohnt in Bremen. Sie arbeitet in einem Supermarkt. „Ich bin gerne Verkäuferin", sagt Frau Ekici. „Die Kolleginnen sind sehr nett." Frau Ekici mag den Samstag. Da gibt es viele Kunden im Supermarkt. „Die Arbeit am Abend nach 5 Uhr mag ich nicht. Die Leute haben keine Zeit. Am Abend ist die Arbeit stressig."

Name	Beruf?	Wo arbeitet er/sie?	Was mag er/sie?	Was mag er/sie nicht?
Josef Rinner				
Berna Ekici				

5 Tag für Tag

1 Was macht Ben? Ergänzen Sie die Verben. (→ 1)

Am Morgen jo___ (1) Ben. Dann du_____ (2) er. Ben frühst_____ (3) und l_____ (4) Nachrichten. Am Vormittag arb______ (5) er. Mittags is___ (6) Ben in der Kantine, am Nachmittag arb______ (7) er wieder. Am Abend ge___ (8) er ins Café. Dort tr_____ (9) er Carina.

2 Der Sonntag von Ben. Schreiben Sie Sätze. (→ 2a)

1. am Sonntag / Ben / lange / schlafen / . *Am Sonntag schläft Ben lange.*
2. er / am Morgen / nicht / joggen / . ______________________
3. er / mit Freunden / Fußball / spielen / . ______________________
4. am Nachmittag / er / Carina / treffen / . ______________________
5. Ben und Carina / spazieren / gehen / . ______________________
6. am Abend / sie / einen Film / sehen / . ______________________
7. Ben / spät / nach Hause / gehen / . ______________________

3 Wie spät ist es? Schreiben Sie die inoffizielle Zeit. (→ 5)

18:50	*zehn vor sieben*	17:45	
07:30		19:25	
21:35		08:10	
13:05		22:15	
10:55		03:30	

4 Was machen die Personen. Schreiben Sie Sätze. (→ 5, 6)

1. um 6.30 / Julian / duschen	*Um halb sieben*	*duscht*	*Julian.*
2. um 7 / er / den Bus / nehmen	*Um*		
3. Hella / um 10 / Pause / machen	*Hella*		
4. um 5 / sie / nach Hause / gehen	*Sie*		
5. am Abend / sie / Nachrichten / lesen	*Am*		
6. um 21:30 / Hella und Julian / chatten	*Um*		

5 Was passt: *um, am* oder *von … bis*? Ergänzen Sie. (→ 7)

Oh ja, _am_ (1) Dienstag habe ich Zeit. Aber ______ (2) fünf habe ich meine Musikstunde.

Das geht leider nicht. Ich habe ______ (3) Freitag ______ (4) Viertel nach neun einen Termin.

Hannes ist nicht da. Er ist ______ (5) Donnerstag ______ (6) Samstag in Hamburg.

______ (7) Abend treffe ich Annalisa, ______ (8) halb acht.

Mara hat ______ (9) Nachmittag keine Zeit, sie arbeitet ______ (10) eins ______ (11) fünf.

6 Wann haben die Personen Termine? Wie sagt man es richtig? Kreuzen Sie an. (→ 7)

1. Wann hat Florian Training? 14:30
   - a Um zwei Uhr dreißig Minuten.
   - b Um vierzehn Uhr dreißig.
2. Wann hat Lena Musikstunde? 17:15
   - a Um siebzehn Uhr Viertel.
   - b Um siebzehn Uhr fünfzehn.
3. Wann kommt der Film? 20:45
   - a Um zwanzig Uhr fünfundvierzig.
   - b Um Viertel vor einundzwanzig Uhr.
4. Wann fährt der Bus? 19:06
   - a Um sechs nach neunzehn Uhr.
   - b Um neunzehn Uhr sechs.
5. Wann fährt der Zug nach Hamburg? 09:12
   - a Um neun Uhr zwölf.
   - b Um zwölf nach neun Uhr.

7

a Die Verwandten: Wer ist das? Schreiben Sie die Wörter mit Artikel. (→ 7b)

Bru • der • Ehe • Ehe • frau • Groß • Groß • mann • Mut • mut • Schwes • Sohn • ter • ~~ter~~ • ter • ter • ter • ter • Toch • ~~Va~~ • va

die Eltern:	*der Vater*		*die*
die Kinder:			
die Geschwister:		und	
die Großeltern:			
die Ehepartner:			

b Setzen Sie die richtigen Wörter aus 6a ein.

Ich bin Sophie und ich bin 14. Meine _*Familie*_ (1) ist sehr groß. Ich habe vier ________ (2): Wir sind drei Jungen und zwei Mädchen. Meine ________ (3) heißt Lea und meine ________ (4) heißen Tom, Florian und Benny. Meine ________ (5) heißen Susanne und Matthias. Mein ________ (6) ist Elektriker. Er arbeitet den ganzen Tag. Am Vormittag sind meine ________ (7) und ich in der Schule. Dann arbeitet auch meine ________ (8). Am Nachmittag ist sie zu Hause.

8 Ergänzen Sie die Possessivartikel. (→ 9)

	________	Computer.		unser	Hund.
Das ist	mein	Handy.	Das ist	________	Auto.
	________	Zeitung.		unsere	Uhr.
Das sind	________	Fotos.	Das sind	________	Fahrräder.

9 Aus dem Gästebuch der Familie Dobart. Ergänzen Sie die Possessivartikel (→ 9)

Andi Wilder schreibt:
Hannes und Mara, ________ (1) Homepage ist super. ________ (2) Hund ist spitze und ________ (3) Fotos sind sehr schön.

Fabiana schreibt:
Hallo Lena, deine (4) Familie ist sehr nett. Ich finde ________ (5) Homepage gut. ________ (6) Foto mit dem Saxophon ist spitze. Weißt du schon: Wir haben jetzt auch einen Hund. Super! ☺ . ________ (7) Hund ist noch klein und heißt „Zizou".

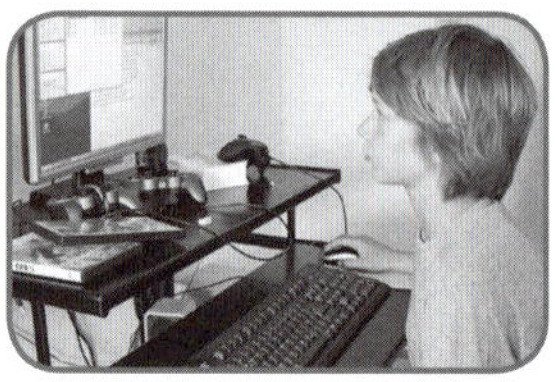

User tintin schreibt:
Hallo Florian, ________ (8) Computer ist ja toll. Wir sind in Frankreich, ________ (9) Urlaub ist super. ________ (10) Vater hat jetzt auch ein Motorrad, er fährt jeden Tag. Das Motorrad ist ________ (11) Baby!

dein • dein • ~~deine~~ • euer • eure • eure • eure • mein • sein • unser • unser

10 Wer ist auf den Fotos? Ergänzen Sie *sein/seine* oder *ihr/ihre*. (→ 9b)

1. Lena und ihre Eltern.
2. Florian und ________ Computer.
3. Lena und ________ Hund Otto.
4. Mara und ________ Mann Hannes.
5. Florian und ________ Mutter.
6. Hannes und ________ Motorrad.
7. Hannes und ________ Tochter Lena.
8. Mara und ________ Familie.
9. Florian und ________ Schwester.
10. Hannes und ________ Sohn Florian.

11 Der Samstag ist frei! Was ist richtig: *müssen, können* oder *wollen*? Kreuzen Sie an. (→ 11)

1. Morgen ist Samstag. Da haben wir frei. Wir [a] können [b] müssen lang schlafen.
2. Am Vormittag [a] müssen [b] wollen wir lang frühstücken und Zeitung lesen.
3. Dann fahren wir nach Bremen. [a] Musst [b] Willst du mit uns fahren?
4. Wir [a] müssen [b] wollen um circa 12 Uhr fahren.
5. Leider [a] müssen [b] können wir schon um 6 Uhr am Abend zurück sein.
6. Schade, ich [a] kann [b] will leider in Bremen nicht ins Theater gehen.
7. Am Abend besuchen uns Verwandte. Da [a] kann [b] muss ich kochen.

12 Ergänzen Sie in den Sätzen das Modalverb in der richtigen Form und den Infinitiv. (→ 11)

1. joggen, können	Wir	*können*	heute im Park	*joggen.*
2. treffen, wollen	Ben	___	am Sonntag Carina	___
3. gehen, wollen	Ben und Carina	___	am Nachmittag ins Kino	___
4. arbeiten, müssen	Mara	___	auch am Wochenende	___
5. helfen, können	Hannes	___	leider nicht	___
6. arbeiten, müssen	Am Samstag	___	Mara und Hannes auch	___
7. spielen, können	Florian und Jonas	___	am Samstag Fußball	___

13 Schreiben Sie Fragen. (→ 11)

1. welche Sprache / du / lernen / wollen / ? *Welche Sprache willst du lernen?*
2. wie lange / Sie / arbeiten / müssen / ? ___
3. wann / ihr / kommen / können / ? ___
4. was / ihr / heute / machen / wollen / ? ___
5. wer / am Abend / einkaufen / müssen / ? ___
6. Wann / du / mir / helfen / können / ? ___

14 Ergänzen Sie. (→ 12)

◆ Was ma*chst* (1) du am Abend? Hast du Z___ (2)?
◇ Nein, leider n___ (3), ich muss noch einkaufen u___ (4) arbeiten.
◆ Und morgen? G___ (5) es morgen, am Ab___ (6)?
◇ Tut mir l___ (7), das geht auch nicht. A___ (8) am Sonntag habe i___ (9) Zeit.
◆ Das ist g___ (10). Wir können ins Café g___ (11) und frühstücken.
◇ Gute I___ (12)! Wann kannst du ko___ (13)? Um halb elf?
◆ Halb elf ist su___ (14).

15 Ergänzen Sie. Wie heißt das Lösungswort? (→ 11, 12)

Ich habe jetzt keine Zeit. Wir können morgen … 1 T E L _ _ _ _ _ _ _ _ _

Hast du Zeit? Können wir uns … ? 2 _ _ _ _ _ _ _

Ich muss sehr viel arbeiten, es ist total … 3 _ _ _ _ _ _ _ _

Mara hat um 9.00 Uhr einen … beim Arzt. 4 _ _ _ _ _ _

Ich kann das nicht. Kannst du mir bitte …? 5 _ _ _ _ _ _ _

Ich möchte gern im Park … gehen. 6 _ _ _ _ _ _ _ _ _

Am Sonntag will ich meine Eltern … 7 _ _ _ _ _ _ _ _ _

Spielen wir Tennis? Wann hast du … 8 _ _ _ _

Es tut mir leid. Im … ist es sehr stressig. 9 _ _ _ _ _ _

Lösung: Ich möchte so gern ______________________.

16 Eine Person kommt zu spät. Was kann sie nicht sagen? Streichen Sie durch. (→ 13)

1. Herr Spiegel, Sie haben einen Termin um 10 Uhr 45! Es ist schon 10 Uhr 50 …

a Es tut mir leid. Ich bin gleich bei Ihnen.
b Macht nichts, ich komme in 20 Minuten.
c Bitte entschuldigen Sie. Ich bin auf dem Weg.

2. Wo ist Frau Moser? Es ist schon Viertel nach acht … Wir können nicht warten … Ach, da sind Sie ja, Frau Moser!

a Es tut mir leid, ich bin zu spät.
b Das nächste Mal bitte pünktlich!
c Ich bitte um Entschuldigung.

3. Jetzt warten wir schon eine halbe Stunde! Das Essen ist schon lange fertig … Hallo Pia, da bist du ja.

a Das macht nichts.
b Es ist nur eine halbe Stunde!
c Entschuldigung, es tut mir so leid!

17 Was können Sie sagen? Ergänzen Sie. (→ 14, 15)

◆ Kann i c h (1) heute Nachmittag einen Termin ha_ _ _ (2)?

◆ Nein, heute leider n_ _ _ _ (3). Aber morgen u_ (4) 15 Uhr 30. Geht d_ _ (5)?

◆ Nein, das g_ _ _ (6) nicht. Geht es morgen au_ _ (7) um 16 Uhr 30?

◆ 16.30 i_ _ (8) zu früh. Kö_ _ _ _ (9) Sie auch um 17 Uhr ko_ _ _ _ (10)?

◆ Ja, mo_ _ _ _ (11) um 17 Uhr ist gut. _ _ _len (12) Dank.

◆ Bitte. B_ _ (13) morgen!

6 Zeit mit Freunden

1 Freizeitaktivitäten. Was machen die Leute? Schreiben Sie die Wörter und Ausdrücke. (→ 1)

~~_M _NT_RN_T S_RF_N~~ _NS K_N_ G_H_N F_SSB_LL SP_ _L_N

KL_TT_RN GR_LL_N _ _N_N F_LM S_H_N F_HRR_D F_HR_N L_S_N

W_ND_RN SCHW_MM_N F_T_GR_F_ _R_N T_NZ_N

im Internet surfen ______ ______

______ ______ ______

______ ______ ______

______ ______ ______

2 Was machen Sie am Wochenende? Ein Interview. Ordnen Sie das Gespräch. (→ 2)

1. _C_ Hallo, guten Tag. Mit wem spreche ich?
2. ___ Herr Hofer, es ist Samstag und das Wochenende ist da! Was machen Sie heute?
3. ___ Gehen Sie allein zum Frühlingsfest?
4. ___ Und morgen, am Sonntag?
5. ___ Vielen Dank, Herr Hofer. Auf Wiederhören!

A Nein, da treffe ich Freunde und Kollegen.
B Da kann ich schlafen, lange, lange schlafen.
C Philipp Hofer.
D Auf Wiederhören.
E Ah, heute ist in Nürnberg das Frühlingsfest. Da gibt es super Musik.

3 Ergänzen Sie die Lücken. (→ 2)

◆ Guten Tag! Mit wem spr_e_ _c_ _h_ _e_ (1) ich?

◆ Hallo, mein N_ _ _ (2) ist Jasmin Kupic.

◆ Guten Tag, F_ _ _ (3) Kupic. Was machen Sie am Wo_ _ _ _ _ _ _ _ (4)?

◆ Ich habe zwei T_ _ _ (5) frei. Ich m_ _ _ _ (6) einfach nichts.

◆ Was s_ _ _ (7) Sie denn von Be _ _ _ (8)?

◆ Ich bin Technikerin, ich ar_ _ _ _ _ (9) sehr viel. Und dann br_ _ _ _ _ (10) ich Zeit für mich.

◆ Das k_ _ _ (11) ich gut verstehen, Frau Kupic. Ma_ _ _ _ (12) Sie wirklich nichts?

◆ Ich lese o_ _ _ (13) koche etwas, das ma_ _ _ (14) ich gern. Und am Sa_ _ _ _ _ (15) oder Sonntag gehe ich ins K_ _ _ (16). Ich sehe g _ _ _ (17) Filme.

◆ Vielen Dank, Frau Kupic. A_ _ (18) Wiederhören!

◆ Auf Wied_ _ _ _ _ _ _ (19).

4 Der Geburtstag von Sofia. Ergänzen Sie die Verben. (→ 4)

Anne und Marc _planen_ (1) eine Überraschung für ihre Freundin Sofia. Sie ______________ (2) nächste Woche Geburtstag. Anne und Marc wollen Sofia einen Tag mit ihren Freunden ______________ (3). Am Freitag können sie nicht ______________ (4). Da muss Sofia ______________ (5). Am Sonntag ______________ (6) es auch nicht. Da ______________ (7) Sofia bei ihren Eltern. Aber am Samstag ______________ (8) es gut. Die Freunde wollen mit Sofia Fahrrad ______________ (9) und ein Picknick ______________ (10).

arbeiten • fahren • feiern • geht • geht • hat • ist • machen • ~~planen~~ • schenken

5

a Wann haben die Personen Geburtstag? Schreiben Sie das Datum auf Deutsch. (→ 4 und 5)

January 3rd	_am dritten Januar_	July 10th	______________
February 1st	______________	August 20th	______________
March 6th	______________	September 8th	______________
April 11th	______________	October 12th	______________
May 30th	______________	November 7th	______________
June 21st	______________	December 24th	______________
	______________		______________

b Schreiben Sie das Datum wie im Muster.

am neunten Zweiten
____
____
____

____
____
____
____

6 Der Geburtstag von Simone. Was passt? Kreuzen Sie an. (→ 7 und 8)

1. Simone	ruft	ihre Freunde	a an.	b ab.	c ein.
2. Sie	lädt	sie zum Geburtstag	a mit.	b ab.	c ein.
3. Die Party	fängt	am Abend um acht	a ab.	b an.	c mit.
4. Die Freunde	bringen	Essen für die Party	a ein.	b an.	c mit.
5. Simone	kauft	die Getränke	a an.	b ein.	c mit.
6. Die Party	hört	erst sehr spät	a an.	b auf.	c ab.
7. Ein Taxi	holt	die Gäste	a ab.	b ein.	c auf.

7 Wer macht was für das Fest? Schreiben Sie Sätze. (→ 7 und 8)

To do

Unser Fest

Tim und Tom – *die Freunde einladen*
Julia – *einen Kuchen mitbringen*
Jonas – *die Getränke einkaufen*
Lars – *Anne abholen*
Silke – *Anton anrufen*
Anne – *Geld für ein Geschenk einsammeln*

Tim und Tom	laden	______	______
Lars	______	______	______
Julia	______	______	______
Silke	______	______	______
Jonas	______	______	______
Anne	______	______	______

8 Stress bei Familie Dobart. Was müssen die Personen machen? Schreiben Sie Sätze. (→ 7 und 8)

Lena abholen, 16.00
einkaufen, am Abend
den Vater anrufen
die Großeltern einladen

Mara	muss	um 16.00 Uhr Lena	abholen.
Lena	______	______	______
Florian	______	______	______
Hannes	______	______	______

9 Ein Fest mit Freunden. Welche Fragen passen? Ordnen Sie zu. (→ 9)

___ Wie lange feiern die Freunde?
___ Wann hört die Party auf?
___ Was essen die Gäste?
___ Wie ist die Telefonnummer?
___ Wann fängt die Party an?
___ Wo ist die Party?
___ Wer kann nicht zur Party kommen?
___ Was bringen die Gäste mit?

Hallo liebe Freunde!
25 Jahre – das will ich feiern.
Die Party ist am [redacted] 1.
Ihr kommt einfach ins Café [redacted] 2.
Das ist in der [redacted] 3.
Wir sehen uns um [redacted] 4.
Braucht ihr noch Informationen?
Dann ruft an: 0553 [redacted] 5.
Viele Grüße, eure [redacted] 6

___ Wo ist das Café?
___ Wann ist die Party?
___ Wer lädt ein?

10 Ein Kursfest planen. Schreiben Sie Fragen. (→ 9)

1. wen / wir / einladen / für das Fest / ? *Wen laden wir für das Fest ein?*
2. wann / die Party / anfangen / ? ______________________
3. wer / einladen / die Lehrerin / ? ______________________
4. wo / wir / die Getränke / einkaufen / ? ______________________
5. was / die Gäste / mitbringen / ? ______________________

11 Schreiben Sie die Sätze richtig. (→ 10–11)

1. gutentagbitteschön **? !** *Guten Tag!*
2. ichhättegerneeinelimonadebitte **. ,** ______________________
3. ichmöchteeinecola **.** ______________________
4. undwasmöchtensieessen **?** ______________________
5. fürmichbitteschnitzelmitpommes **.** ______________________
6. ichmöchtenichtsessendanke **. ,** ______________________

12 Chaos im Restaurant. Für wen ist das? Ergänzen Sie die Pronomen. (→ 11)

Der Kuchen? – Anne!
Der Kaffee? – Ich!
Die Würstchen? – Sven!
Der Tee? – Du!
Zwei Schnitzel? – Wir!
Zwei Cola? – Tom und Lara!

Der Kuchen ist für *sie*.
Der Kaffee ist für ________.
Die Würstchen sind für ________.
Der Tee ist für ________.
Die Schnitzel sind für ________.
Die zwei Cola sind für ________.

13 Silbensuppe. Wie heißen die Speisen? Schreiben Sie die Wörter mit Artikel. (→ 12)

chen chen Ge feln ~~ghet~~ mü Piz ~~Spa~~ Nu deln mes Kar zel ~~ti~~ pe Fisch lat Sa se za Sup

die Spaghetti (Pl.)
____
____
____
____
____
____
____
____
____
____
____

14 Im Restaurant. Ergänzen Sie die Ausdrücke. (→ 13)

◆ Entschuldigung, die Rech*nung* (1) bitte.
◇ Einen Moment bitte! ... Zusa____ (2) oder getrennt ?
◆ Get_____ (3), bitte.
◇ Eine Cola u__ (4) ein Salat mit Käse. D__ (5) macht dann 11,70.
◆ Machen Sie 12 Eu__ (6), bitte.
◇ Danke. Und f__ (7) Sie ein Wasser und d__ (8) Tomatensuppe. Das ma___ (9) 5,70.
◆ Stimmt s_ (10).
◇ Vie___ (11) Dank!

15 Wie war das Fest? Schreiben Sie Sätze. Verwenden Sie alle Wörter. Beginnen Sie mit [ ]. (→ 14)

Spaß	war	das Wetter	super	waren	die Getränke
viel	auch	Geburtstag	hatte	das Essen	und
sehr	toll	das Fest	Anna	im Park	ein Picknick
hatte	ich	war	klasse	wir	hatten

Anna hatte Geburtstag.
______
______
______

16 Schreiben Sie Sätze. (→ 15)

1. der / Sommer / da / sein / . — *Der Sommer ist da.*
2. die Biergärten / wieder / geöffnet / sein / . — ______
3. du / heute Nachmittag / mitkommen / ? — *Ko*______
4. ich / Brot, Käse und Wurst / mitbringen / . — ______
5. was / du / gern / essen / möchten / ? — ______
6. ich / für dich / einkaufen / können / . — ______
7. du / mich / nur / anrufen / müssen / . — ______

7 Kontakte

1 Was passt zu dieser Situation? Kreuzen Sie an. (→ 1)

1. *Hallo! Wohnst du hier?* ☐
2. *Wie gefällt es dir hier?* ☐
3. *Sie sind am 18. Januar 1987 geboren. Ist das richtig?* ☐
4. *Ja, ich bin neu hier.* ☐

5. *Hej, ich bin Annika.* ☐
6. *Ich brauche noch deine persönlichen Daten.* ☐
7. *Hast du die Wohnung im 4. Stock?* ☐
8. *Haben Sie die Formulare mit? Und Ihren Pass?* ☐

2 Im Fitness-Studio. Ordnen Sie die Antworten zu. (→ 1)

1. _B_ Hallo, kommst du bitte kurz zu mir? Bist du neu hier?
2. ___ Bist du heute zum ersten Mal hier?
3. ___ Gut. Ich brauche noch deine persönlichen Daten. Wo wohnst du denn?
4. ___ Und wie ist deine Telefonnummer?
5. ___ Und deine E-Mail Adresse?

A Moment, also die Nummer ist 0153/619 44 564.
B Ja. Ich heiße Annika.
C Annika Punkt Lindström at yahoo Punkt se.
D In der Lauterbachstraße 17.
E Nein, ich habe schon eine Stunde kostenlos mitgemacht.

3 Ergänzen Sie die Lücken. (→ 1)

Annika ist neu in Köln. Sie muss sich _anmelden_ (1). Sie ____________ (2) zum Amt. Es ____________ (3) viele Zimmer und viele Namen. Der Mann ____________ (4) viele Fragen und Annika ____________ (5) ein Formular. Aber jetzt ____________ (6) alles okay. Geschafft!

anmelden • braucht • geht • gibt • hat • ist

4 Auf dem Amt. Lösen Sie das Rätsel. Wie heißt das Lösungswort? (→ 1)

1. Annika geht zum Amt. Sie muss sich …
2. Für die Anmeldung braucht Annika ein …
3. „Annika ist der Vorname. Wie ist der …?"
4. Annika ist ledig, sie ist nicht …
5. Der 27. 10. 1984 ist Annikas …
6. „Und wo arbeiten Sie, bei welcher …?"
7. Annika ist nicht männlich, sie ist …
8. „Wo wohnen Sie?" Annika nennt ihren …
9. „Haben Sie Telefon? Ich brauche Ihre …"

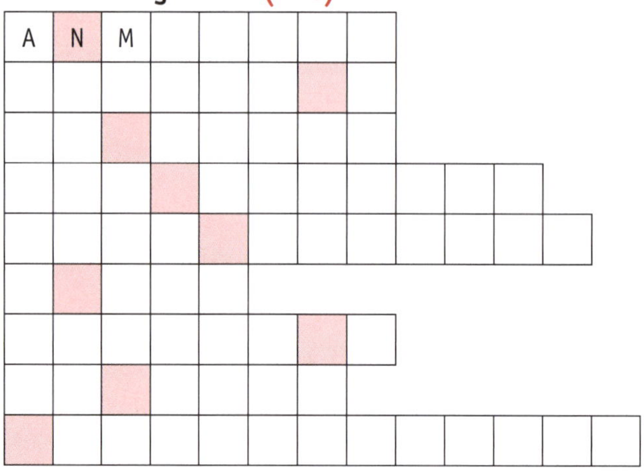

Geschafft! Annika schreibt eine ______________________ an ihre Freunde.

5 Ergänzen Sie das Telefongespräch. (→ 3)

- ◆ Ja, bitte?
- ◇ Hallo, k_ann_ (1) ich bitte mit F___ (2) Schneider sprechen?
- ◆ Frau Schneider? Ähm, h___ (3) gibt es keine Frau Schneider ...
- ◇ Das ist a___ (4) komisch. Ich bin n__ (5) hier und habe einen Br___ (6) von Frau Schneider, j_ (7), Claudia Schneider.
- ◆ Ah, Sie s___ (8) Frau Lindström, die neue Mitar________ (9). Eine Frau Claudia Schneider g___ (10) es hier wirklich n____ (11).
- ◇ Oh, was?
- ◆ Aber ei___ (12) Herrn Claudio Schneider.
- ◇ Oh n___ (13), wie peinlich!
- ◆ Kein Pro____ (14). Ich kann meine Schrift manch___ (15) selbst nicht le___ (16).
- ◇ Das tut mir wir_____ (17) leid.
- ◆ Nein, nein, d__ (18) macht doch ni____ (19)! Wie kann ich Ih___ (20) helfen?

6 Personen in der Firma. Schreiben Sie die Wörter mit Artikel und Plural. (→ 3)

RADKOLKOLLEGEMPFREWAHZIHAUSMEISTERPÜNCHENCHEFDIPOLUSAYEN
GRUSEKRETÄRINZERTOOGÜMMITARBEITERUPFTIPONZABTEILUNGSLEITERINB

______ ______ ______
______ ______ ______

7 Welche Termine hat Annika heute? Schreiben Sie Sätze mit Präpositionen. (→ 4)

10 Uhr Besprechung mit Chefin!

11 Uhr Meeting mit Mitarbeitern von „caro"

15.10 Gespräch mit Chef, danach Termin bei Sekretärin

heute Kaffeepause mit Kollegen ☺

Annika hat
- eine Besprechung _mit der Chefin._
- ein Meeting ______
- ein Gespräch ______
- einen Termin ______
- Kaffeepause ______

8 Ergänzen Sie die Präposition und den Artikel. Achten Sie auf den Artikel im Dativ. Benutzen Sie, wo möglich, Kurzformen. (→ 4)

1. bei — Eva hat einen Termin _beim_ Chef.
2. zu — Sie geht ______ Büro vom Chef.
3. aus — Der Chef kommt ______ Büro.
4. nach — ______ Treffen hat sie frei.
5. von — Sie holt die Post ______ Sekretärin.
6. aus — Ben kommt ______ Küche.
7. bei — Dann ist er ______ Meeting.
8. nach — Er arbeitet ______ Pause weiter.
9. zu — Er geht ______ Sekretärin.
10. mit — Er spricht ______ Kollegen Jan und Peer.

9 Eine Anleitung. Was muss Claudio machen? Erklären Sie. Schreiben Sie Sätze. (→ 5)

Unsere Telefonanlage – Bedienungsanleitung	
☎ Gespräch intern	Nummer wählen
☎ Gespräch extern	0 wählen, auf Ton warten, dann Nummer wählen
⇆ Verbinden	Taste R drücken, Nummer wählen: Sie sprechen mit Person 2. Sie legen auf. Person 2 übernimmt das Gespräch.
ein Gespräch beenden	auflegen oder drücken

⇆ **Verbinden**

1. Zuerst musst *du die Taste R* ______
2. Dann musst ______
3. Jetzt kannst ______
4. Dann legst ______
5. Jetzt kann Person 2 ______

10 Alles falsch! Korrigieren Sie. (→ 6)

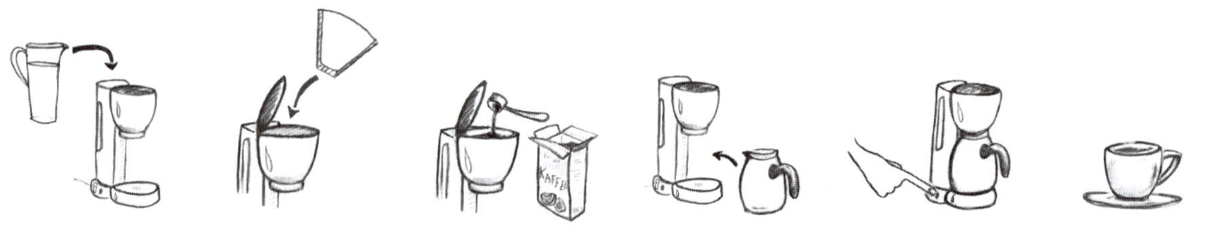

1. Wasser ~~drücken~~ *einfüllen*
2. Filtertüte einfüllen ______
3. Kaffee einlegen ______
4. Kanne in die Maschine genießen ______
5. Start einfüllen ______
6. den Kaffee stellen ______

11 Was gehört zu einem Brief? Finden Sie die Wörter und schreiben Sie sie an die richtige Stelle. (→ 8 und 9)

__MPF__NG__R__N W__ __N__RT H__ __SN__MM__R D__T__M __DR__SS__

P__STL__ __TZ__HL STR__SS__ B__TR__FF __NR__D__

1. *die Empfängerin* ______
2. ______
3. ______
4. ______
5. ______

Luisa Barolo
Albrecht-Dürer-Str. 24
90403 Nürnberg

21. Mai 20

Einladung zum Stadtfest

Liebe Frau Barolo,
wie Sie vielleicht wissen, findet am 23. Juni das

6. ______
7. ______
8. ______
9. ______

12 Briefe an Männer und Frauen. Wie heißt die Entsprechung? Schreiben Sie. (→ 8 und 9)

Briefe an Herrn Luis Matturo	*Briefe an Frau Luisa Barolo*
Sehr geehrter Herr Matturo,	*Sehr ge* ______
______	Liebe Frau Barolo,
Lieber Luis,	______

13 Was möchte Luisa im Sprachclub machen? Schreiben Sie Sätze. (→ 10)

1. Luisa / viele neue Wörter / lernen / möchten / . *Luisa möchte viele neue Wörter lernen.*
2. sie / einmal pro Woche / ihren Lernpartner / treffen / möchten / . *Einmal pro Woche* ______
3. Italienisch / ihre Muttersprache / sein / . *Italienisch* ______
4. Luisa / Deutsch / und / vielleicht / Spanisch / üben / möchten / . *Luisa* ______
5. viel sprechen / für / sie / besonders / wichtig /sein / . *Viel sprechen* ______

14 Schreiben Sie die Artikel zu den Substantiven. Ergänzen Sie dann den passenden Possessivartikel. (→ 10)

1. *das* Buch — **Ich** sehe *mein* Buch nicht.
2. ______ Stift — **Ich** suche ______ Stift. Wo ist er nur?
3. ______ Formular — Findest **du** ______ Formular nicht?
4. ______ Schlüssel (Sg.) — Was sucht **Peter**? Findet **er** ______ Schlüssel nicht?
5. ______ Fahrrad — **Peter** fährt nicht mit dem Bus. **Er** nimmt ______ Fahrrad.
6. ______ Ball — **Das Kind** findet ______ Ball nicht.
7. ______ Büro — **Annika** ist neu in der Firma. **Sie** sucht ______ Büro.
8. ______ Kaffee — **Wir** machen Pause und genießen ______ Kaffee.
9. ______ Chef — Wie oft seht **ihr** ______ Chef? Jeden Tag?
10. ______ Wohnung — **Lukas und Lisa** finden ______ Wohnung sehr schön.
11. ______ Computer — **Herr Fischer**, bringen **Sie** bitte ______ Computer mit.
12. ______ Tasche — **Frau Bauer**, wo haben **Sie** ______ Tasche?

15 Ergänzen Sie die Possessivartikel in den Sätzen. (→ 10)

Hallo Luisa! Wie gefällt dir *dein* (1) Sprachclub? Wie sind ______ (2) Tandempartnerinnen? Sind sie nett? Kann ich ______ (3) Sprachclub auch einmal besuchen?

Liebe Kolleginnen und Kollegen! Willkommen im Sprachclub! Sie können ______ (4) Räume für ______ (5) Treffen benützen. Wir haben viele Informationen für Sie: Nutzen Sie ______ (6) Podcasts und ______ (7) Material!

Luis Bardo und ______ (8) Lernpartner Alex hören gern Musik. Alex schreibt Mails für ______ (9) Lernpartner auf Deutsch. Er benutzt ______ (10) Wörterbuch.

Seid ihr neu hier? Wie sind ______ (11) Namen? Kann ich ______ (12) Mailadressen haben?

16 Wie lernen Sie Deutsch? Was sind Ihre Pläne? Schreiben Sie. (→ 11)

So lerne ich Deutsch:

___

___

___

Meine Pläne:
Das möchte ich machen.

___

___

___

17 Warum nutzen die Personen Netzwerke? Schreiben Sie Sätze. (→ 12, 13)

alte Freunde wiederfinden können

1. simon

Ich kann alte Freunde wiederfinden.

Fotos hochladen und sie Freunden zeigen

2. LaNo

___

neue Kontakte bekommen möchten

3. pan11

___

Informationen von Freunden bekommen

4. M&M

___

immer Kontakt zu Freunden haben

5. kermit

___

18 Was ist richtig? Kreuzen Sie an. (→ 14)

1. Fritz Thaler kommt aus Leipzig. Jetzt [a] er wohnt [b] wohnt er in Dortmund.
2. Herr Thaler ist Mechaniker. Heute [a] er fängt [b] fängt er in der Firma an.
3. Der Chef und seine Frau [a] arbeiten auch [b] auch arbeiten in der Firma.
4. Die Firma ist nicht groß. Hier [a] neun Leute arbeiten. [b] arbeiten neun Leute.
5. Zuerst [a] zeigt der Chef [b] der Chef zeigt Fritz Thaler die Firma.
6. Dann [a] er stellt [b] stellt er ihn den Kollegen in der Werkstatt vor.

19 Schreiben Sie die Sätze richtig. (→ 14)

1. gutenmorgenchefderneuemechanikeristda **. ! ,**

   Guten Morgen, Chef! Der
2. bittesetzensiesichherrthaler **, , !**

   ___
3. hiersindihrekollegendasistmilan **. .**

   ___
4. habenalleetwasalsodannzumwohl **, ! ?**

   ___

8 Meine Wohnung

1 Was ist meistens nicht dort? Streichen Sie. (→ 1)

1. in der Küche	der Kühlschrank	~~der Fernseher~~	der Herd	die Spülmaschine
2. im Wohnzimmer	das Sofa	der Sessel	der Teppich	der Sonnenschirm
3. im Schlafzimmer	die Lampe	der Drucker	der Schrank	das Bett
4. im Arbeitszimmer	die Waschmaschine	der Computer	der Schreibtisch	das Regal
5. im Kinderzimmer	das Bett	das Bild	der Herd	der Stuhl
6. im Flur	der Kühlschrank	der Schrank	das Regal	der Teppich

2 Welche 10 Dinge sind Ihnen in Ihrer Wohnung wichtig? Machen Sie eine Hitliste. (→ 1)

Die Top Ten in meiner Wohnung

1. ______________________ 6. ______________________
2. ______________________ 7. ______________________
3. ______________________ 8. ______________________
4. ______________________ 9. ______________________
5. ______________________ 10. ______________________

3 Wo ist die Katze? Was macht sie? Verbinden Sie die Sätze. (→ 2)

1. Zuerst ist die Katze	im Kinderzimmer	und liegt in der Sonne.
2. Dann ist sie	im Bad	und spielt.
3. Später ist sie	im Wohnzimmer	und geht auf die Toilette.
4. Die Katze ist	in der Küche	und schläft auf dem Sofa.
5. Jetzt ist sie	auf dem Balkon	und bekommt ihr Frühstück.

4 Meine Wohnung – mein Lieblingsort. Ergänzen Sie die Lücken. (→ 2)

Resl@MVS

Mein Lieblingsort i_n_ (1) der Wohnung? Welches Zi_ _ _ _ (2) in der Ein-Zimmer-Wo_ _ _ _ _ (3) ;-))? Mein Lieblingsort ist d_ _ (4) Sessel. Er ist a_ _ (5), aber gut! Dort s_ _ _ _ (6) ich und höre M_ _ _ _ (7), dort sitze ich u_ _ (8) bin online, dort te_ _ _ _ _ _ _ _ _ (9) oder chatte ich m_ _ (10) meinen Freunden. Die Ar_ _ _ _ (11) wartet im Büro, d_ _ _ (12) ist der Platz f_ _ (13) sie.

↳ **lisa-da-pisa**

Du hast ein Bü_ _ (14), du hast es g_ _ (15)! Meine 1-Zimmer-Wohnung ist au_ _ (16) mein Büro. Ich sehe immer meinen Sch_ _ _ _ti _ _ _ (17) und w_ _ ß (18), die Arbeit wartet. Mein Lieblingsort in der Wohnung? Ganz klar, das B_ _ t (19)! Aber nicht heute. Das Wo_ _ _ _ _ _ _ _ (20) fängt an, ich b_ _ (21) ab 11 im „makkaroni". Kommst d_ (22) auch?

5 Eine Wohnung suchen. Ergänzen Sie die Wörter. (→ 3)

Auf · Bal · che · flä · ~~Grö~~ · he · kon · me · mer · Mie · Nä · Räu · ~~ße~~ · te · trum · Wohn · Zen · Zim · zug

1 Ideale _Größe_ (1) für zwei Personen: große Küche, Bad, Wohnzimmer und 2 Schlafzimmer, ____________ (2) zur U-Bahn, renoviert, hell.

____________ (3): 630 € Wohnfläche: 63 m² Zimmer: 3 **Merken ▷**

2 Helle Wohnung, fast im ____________ (4), mit Balkon, für ein oder zwei Personen, 5. Stock (ohne ____________) (5).

Miete: 490 € ____________ (6): 38 m² Zimmer: 2 **Merken ▷**

3 Wohnung mit ____________ (7) nach Süden, zentral, aber ruhig gelegen. ____________ (8) ideal als Wohn-, Schlaf- und Kinderzimmer.

Miete: 840 € Wohnfläche: 89 m² ____________ (9): 3 **Merken ▷**

6 Adjektiv-Paare. Wie heißt das Gegenteil? Schreiben Sie. (→ 3)

1. groß – _klein_
2. teuer – ____________
3. hell – ____________
4. ruhig – ____________
5. weit weg – ____________
6. alt – ____________

GILLIB • LARTNEZ • LEKNUD • ~~NIELK~~ • TUAL • UEN

7 Was passt: *sehr* oder *zu*? Ergänzen Sie. (→ 3)

1. Unsere Wohnung ist schön und sie liegt super. Wir lieben sie.
   a Sie ist leider auch _sehr_ teuer. Aber das macht nichts.
   b Aber sie ist ___________ teuer, wir müssen eine andere Wohnung suchen.
2. Unser Haus ist klein, aber sehr nett.
   a Die Zimmer sind auch ___________ klein.
   b Jetzt haben wir zwei Kinder, das Haus ist ___________ klein. Es geht nicht mehr.
3. Ich wohne sehr zentral, die Wohnung ist schön. Aber die Straße vor dem Haus ist sehr laut.
   a Ich muss da raus, es ist ___________ laut.
   b Die Wohnung ist leider ___________ laut, aber ich bin nicht oft dort.
4. Die beiden Kinder leben nicht mehr bei ihren Eltern. Sie haben eine eigene Wohnung.
   a Wir suchen eine neue Wohnung. Sie ist ________ groß für meinen Mann und mich.
   b Die Wohnung ist schon _________ groß. Aber wir wollen nicht mehr umziehen.

8 Aufräumen. Wohin kommen die Sachen? Schreiben Sie. (→ 4)

1. Teller – _der_ Schrank → _in den_ Schrank
2. Bücher – _____ Regal → __________ Regal
3. Obst – _____ Küche → __________ Küche
4. Milch – _____ Kühlschrank → __________ Kühlschrank
5. Teppich – _____ Flur → __________ Flur
6. Gläser – _____ Spülmaschine → __________ Spülmaschine
7. Kleidung – _die_ Schränke → __________ Schränke

9 Antwort auf eine Einladung. Ergänzen Sie. (→ 5)

Liebe Nathalie, _lieber_ (1) Sven,

vielen Dank für eure ______________ (2). Es tut mir leid, ich kann __________ (3) nicht kommen.

Ich bin am Freitag __________ (4) da, die Firma schickt mich nach Berlin! Es _________ (5) nicht, schade.

Ihr könnt schön feiern und ich __________ (6) arbeiten. :-((________________ (7) sehen wir uns bald.

Ich wünsche euch viel __________ (8) beim Fest!

Liebe __________ (9), Claudio

Einladung • geht • Grüße • hoffentlich • leider • ~~lieber~~ • muss • nicht • Spaß

10 Rund um den Umzug. Schreiben Sie Fragen. (→ 5)

Fragen an den Vermieter

1. *Wann können wir die Wohnung besichtigen?*
   wir / die Wohnung / besichtigen / wann / können / ?
2. ______________________________
   wer / den Vertrag / unterschreiben / müssen / ?
3. ______________________________
   wann und wo / ich / den Schlüssel / holen / können / ?

Fragen von Freunden

4. *Wann* ______________________________
   wann / ihr / umziehen / wollen / ?
5. ______________________________
   wann / ihr / die Kisten / packen / müssen / ?
6. ______________________________
   warum / ihr / die alte Wohnung / putzen / müssen / ?

11 a Welche Präpositionen finden Sie in der Wortschlange? Markieren Sie. (→ 6)

ASDEFANDFUKAUFBETILAHINTERKALOWAÜBERBUTSINGELIBAUFQERNU

NEBENWISALIÜBERFILOGAVORBESSALAUFKLYMKAZWISCHENBRATOSI

b Wo ist das? Ergänzen Sie die Präpositionen aus 11a und das Artikelwort.

Die Uhr *an der Wand* (1; die Wand) zeigt 10 vor 11. Frau Atan arbeitet ______________ (2; die Praxis) von Dr. Schwarz. ______________ (3; der Tisch) liegt ein Kalender. ______________ (4; der Kalender) steht ein Computer. Frau Atan sitzt ______________ (5; der Stuhl) und telefoniert. ______________ (6; der Computer) hängen Bilder.

Eine Frau wartet ______________ (7; der Bahnhof). Ihr Freund kommt zu spät. ______________ (8; die Frau) sieht man das Wort „Bahnhof". Direkt ______________ (9; die Frau) ist die Uhr. Es ist 10 nach 9. Der Hund sitzt ______________ (10; die Frau) und dem Mann ______________ (11; der Boden).

12 Wie finden Sie denn das? Schreiben Sie die Ausdrücke in die passende Spalte. (→ 7)

~~Das ist doch ganz nett.~~ • Ich finde es nicht schön! • Das ist echt klasse! • Na ja, es ist nicht schlecht. • Das finde ich total langweilig. • Ich finde das wirklich hässlich. • Das gefällt mir nicht so gut. • Ich finde das wirklich toll. • Das gefällt mir überhaupt nicht. • Das ist ja super! • Einfach schön! Toll! • Ich finde es ziemlich okay.

☺ ☺	☺ – 😐	☹ ☹
________	*Das ist doch ganz nett.*	________
________	________	________
________	________	________
________	________	________

13 a Wohnen – aber wie? Markieren Sie Vor- und Nachteile in zwei Farben. (→ 10)

b Was passt zusammen? Ordnen Sie zu.

1. *D* Ich habe sehr viel Platz und alles ist hell. Nachteile gibt es eigentlich nicht. Na ja, das stimmt nicht ganz.
2. ___ Wir haben endlich unser Haus mit Garten, ein Reihenhaus. Alle Häuser hier sind ganz neu.
3. ___ Wir wohnen auf dem Land in Norddeutschland. Das Haus ist alt, ein richtiges Reethaus. Ich mag das alte Haus.
4. ___ Ich kann von oben über die Stadt sehen, und das finde ich toll. Die Zimmer in der Wohnung sind schön hell.
5. ___ Die Zimmer sind sehr hoch. Das mögen wir! Und wir kennen die Nachbarn: alte und junge Leute, Familien und Singles.

A Aber das Hochhaus ist nicht schön und der Aufzug ist langsam. Leider kenne ich auch meine Nachbarn nicht.

B Aber die Fenster sind klein, die Zimmer ziemlich dunkel. Und ich muss immer etwas renovieren. Das ist teuer.

C Leider gibt es keinen Aufzug im Haus und wir wohnen im vierten Stock.

D Im Winter ist die Wohnung oft kalt. Das Zimmer sind einfach sehr, sehr groß.

E Aber alle sehen gleich aus. Das finde ich ein bisschen langweilig.

14 Welche Ausdrücke passen nicht? Streichen Sie. (→ 10 und 11)

Meine Wohnung ist k_ _ _ _ (1), aber pra_ _ _ _ _ _ (2) und nicht zu t_ _ _ _ (3). Ich bin Student und es ist nicht w_ _ _ (4) bis zur Universität. D_ _ (5) finde ich super. I_ _ (6) finde auch die N_ _ _ _ _ _ _ (7) sehr nett, das i_ _ (8) auch toll. Und es g_ _ _ (9) einen Balkon n_ _ _ (10) Süden. Das ist i_ (11) Sommer schön. Das Haus ist ziemlich a_ _ (12), die Farbe ist nicht gerade sch_ _ (13) und die Fenster sind gra_ (14). Aber ich wohne g_ _ _ (15) hier.

9 Alles Arbeit?

1 Was sagen die Personen auf den Fotos? Notieren Sie die richtige Reihenfolge. (→ 1)

A „Aber Malen ist nicht mein Beruf, das bleibt mein Hobby", sagt sie.

B „Bücher sind meine Freunde, ich lese viel und ich habe gern Bücher um mich", sagt der Buchhändler Thomas Angerer.

C „Das geht genauso gut", sagt Matthias Sommer, „ich muss nicht im Zimmer oder in der Universität sitzen".

D „Nicht alle Bücher sind gut, nicht immer ist das Lesen ein Spaß", sagt Herr Angerer.

E Das ist sehr anstrengend, oft hat sie viel Stress. Frau Hattich malt auch, das ist ihr Hobby. Manchmal verkauft sie ein Bild.

F Frau Beatrix Hattich sagt: „Mein Beruf macht mir viel Spaß." Sie ist Architektin und arbeitet in einem Büro.

G „Ich bin einfach gern im Freien oder in einem Café", sagt er. Er arbeitet oft in einem Café bei der Uni oder auch an anderen Orten.

H Matthias Sommer sitzt im Café, aber er arbeitet. Er ist Student und arbeitet oft online. „Ich studiere nicht gern in der Wohnung."

I Nach der Arbeit im Geschäft liest er viel. „Ich lese nach der Arbeit, fast jeden Abend." Lesen ist Hobby und Arbeit. Er muss viele neue Bücher kennen.

1. H ____________ 2. ____________ 3. ____________

2 Wo arbeiten die Leute? Schreiben Sie die Wörter mit Artikel zu den Berufen. (→ 1)

Bä · Bü · Buch · cke · der · rei · gar · hand · haus · haus
Kauf · ken · Kin · Kran · ~~te~~ · lung · ro · ~~Schu~~ · statt · ten · Werk

1. der Lehrer die Schule
2. die Krankenschwester ____________
3. der Verkäufer ____________
4. die Mechanikerin ____________
5. die Erzieherin ____________
6. der Bäcker ____________
7. die Buchhändlerin ____________
8. die Sekretärin ____________

3 Was ist Arbeit? Ergänzen Sie. (→ 2)

Meine Arbeit macht (1) Spaß. M_ _ _ _ (2) Arbeit ist auch mein Ho_ _ _ (3).

Ich finde, meine Arbeit ist ans_ _ _ _ _ _ _ _ (4). Aber mit Arbeit ver_ _ _ _ _ (5) ich mein Geld.

Ich studiere. Das St_ _ _ _ _ (6) ist meine Arbeit. Manch_ _ _ (7) ist es sehr st_ _ _ _ _ _ (8).

Die Arbeit ist int_ _ _ _ _ _ _ _ (9), aber ich muss z_ (10) viel arbeiten. Der Str_ _ _ (11) ist groß.

4

a Der Tag von Sven. Ordnen Sie die Sätze den Bildern zu. (→ 3)

A Am Abend hat Sven in einer Kneipe gearbeitet.
B Dann hat er ein paar Stunden zu Hause gelernt.
C In der Nacht ist er mit dem Bus nach Hause gefahren.
D Später ist er zur Uni gegangen.
E Sven hat heute lange gefrühstückt.

E

____

____

____

____

b Schreiben Sie die Sätze aus 4a in die Tabelle.

	Position 2 ***haben/sein***		Satzende **Partizip II**
Sven	hat	heute lange	gefrühstückt.
____	____	er ein paar Stunden	____
Später	____	____	____
____	____	Sven	____
____	____	er mit dem Bus	____

5

a Regelmäßige Verben. Ergänzen Sie das Partizip II. (→ 4)

1. Sven hat eine Pause gebraucht (brauchen). 2. Er hat in der Küche einen Kaffee ____________ (holen). 3. Und er hat Musik ____________ (hören). 4. Dann hat er im Internet ____________ (recherchieren).

5. Linda hat den Weg zum Bahnhof ____________ (suchen). 6. Sie hat eine Frau nach dem Weg ____________ (fragen). 7. Aber die Frau hat nicht ____________ (antworten).

8. Katja und Tom sind nach Paris ____________ (reisen). 9. Sie haben bei Freunden ____________ (wohnen). 10. Nach einer Woche hat der Urlaub ____________ (enden).

geantwortet • ~~gebraucht~~ • geendet • gefragt • geholt • gehört • gereist • gesucht • gewohnt • recherchiert

b Verben aus dem Englischen sind regelmäßig. Ergänzen Sie die Sätze.

joggen Wie lange bist du gestern gejoggt?
chatten Mit wem hast du heute ____________?
surfen Tina hat im Internet ____________.
twittern Anna hat mit Freunden ____________.

6

a Unregelmäßige Verben. Suchen Sie den Weg durch das Labyrinth. Markieren Sie das richtige Partizip II. (→ 5)

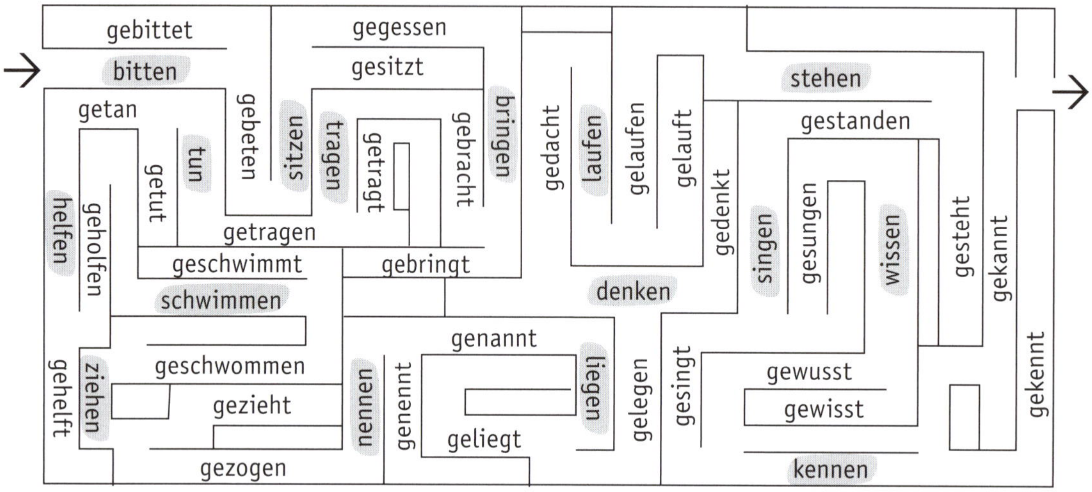

b Schreiben Sie das Partizip II zu den Infinitiven.

1. bitten – *gebeten*
2. helfen – ______
3. liegen – ______
4. schwimmen – ______
5. singen – ______
6. laufen – ______
7. sitzen – ______
8. stehen – ______
9. tragen – ______
10. tun – ______
11. bringen – *gebracht*
12. denken – ______
13. kennen – ______
14. wissen – ______
15. nennen – ______

c Was ist beim Partizip II bei den Verben 11–15 anders? Markieren Sie.

7

***sein* oder *haben*? Was ist richtig? Kreuzen Sie an. (→ 6)**

1. Annika [a] hat [b] ist nach Köln gekommen.
2. Sie [a] hat [b] ist dort eine Wohnung gefunden.
3. Im Haus [a] hat [b] ist sie Lukas getroffen.
4. Am Abend [a] hat [b] ist sie in ein Fitness-Studio gegangen.
5. Annika und Alina [a] haben [b] sind dort oft trainiert.
6. Annika [a] hat [b] ist ein Jahr in Köln geblieben.
7. Dann [a] hat [b] ist sie wieder nach Schweden gefahren.

8

Schreiben Sie Fragen im Perfekt. Achten Sie auf *sein* oder *haben*. (→ 6)

1. Brot / bringen / du / ?
2. die Antwort / wissen / Sie / ?
3. Carina / gestern / joggen / ?
4. ihr / dem Freund / helfen / ?
5. allein / Sie / fahren / ?

Hast	*du Brot*	*gebracht?*
______	*Sie die Antwort*	______ *?*
______	______	______
______	______	______
______	______	______

9 Was macht man im Studium? (→ 6)

1. Tina lernt Spanisch. Sie besucht _D_
2. Tina lernt Statistik, sie muss ____
3. Daniel und zwei andere Studenten arbeiten ____
4. Die Studenten planen ____
5. Das Seminar „Wirtschaftsrecht" ist langweilig, ____
6. Daniel hat vor dem Studium ____

A in einem Projekt zusammen.
B fünf Jahre lang in einer Bank gearbeitet.
C der Professor redet und redet.
D zwei Mal pro Woche einen Kurs.
E die Präsentation für ihr Projekt.
F in ein paar Tagen die Prüfung machen.

10 Eva sucht einen Job. Sie möchte beim Fitness-Studio anrufen. Ergänzen Sie die Fragen von Eva. (→ 7)

Ist das der Job für dich?

- Du bist Fitness-Trainer oder -Trainerin, jung und kommunikativ.
- Du möchtest an 3 Abenden pro Woche arbeiten, zwischen 3 und 5 Stunden.
- Wir bezahlen zwischen 8,90 und 10,50 € pro Stunde.
- Du kannst unser Studio jeden Tag kostenlos benutzen.

Willst du dich bewerben? Happy Fitness Hamburg Altona, ☎ 040 / 37 70 911

1. Ich bin Sportstudentin. Kann ich mich auch _bewerben_ ?
2. Wie lange ist das Studio am Abend ____________ ?
3. Muss ich am Sonntag auch ____________ ?
4. Von wann bis wann ist das Studio ____________ offen?
5. Kann ich die ____________ selbst wählen?
6. Wie lange kann ich das Studio ____________ nutzen?
7. Wie viel ____________ ich genau?
8. Wann kann ich mit der Arbeit ____________ ?

anfangen • arbeiten • Arbeitszeit • ~~bewerben~~ • geöffnet • kostenlos • verdiene • am Wochenende

11 Warum finden die Leute die Jobs gut? Ergänzen Sie. (→ 7c)

Mike findet den Job als Möbelpacker g_u_ _t_ (1), er ist sehr st_ _ k (2). Nadine möchte Nachhilfelehrerin f_ _ (3) Spanisch sein. Sie sp_ _ _ _ _ (4) sehr gut Spanisch. Sabine m_ _ _ _ _ (5) als Babysitterin arbeiten, s_ _ (6) spielt gern mit K_ _ _ _rn (7). Arno jobbt im Fitness-St_ _ _ _ (8), er macht gern S_ _ _ _ (9). Tanja ist Kellnerin, die Bez_ _ _ _ _ _ (10) ist sehr gut. Franco w_ _ _ (11) Nikolaus sein, der J_ _ (12) ist lustig. Und er bek_ _ _ _ (13) viel Trinkgeld. Vera f_ _ _ _ _ (14) Promoterin interessant, sie ist komm_ _ _ _ _ _ _ _ (15). Und welchen Job mö_ _ _ _ _ _ (16) du gern machen?

12 Was passt: *und, oder, aber*? Kreuzen Sie an. (→ 8)

1. Mike jobbt als Möbelpacker. Er holt den LKW ab [a] und [b] aber [c] oder trägt die Möbel.
2. Tom ist auch Möbelpacker. Er trägt Möbel, [a] und [b] aber [c] oder er kann nicht LKW fahren.
3. Nadine sucht einen Job. Sie möchte Nachhilfe für Spanisch geben [a] und [b] aber [c] oder Kellnerin in einer Kneipe sein.
4. Nadine mag Kinder. Sie ist gern Nachhilfelehrerin, [a] und [b] aber [c] oder nicht so gern Babysitterin.
5. Arno macht gern Sport [a] und [b] aber [c] oder ist sehr kommunikativ. Deshalb ist er gern Trainer im Fitness-Studio.
6. Anne möchte in den Ferien in einem Fitness-Studio arbeiten [a] und [b] aber [c] oder Nachhilfelehrerin für Mathematik sein.
7. Benno möchte gern Nikolaus sein, [a] und [b] aber [c] oder er hat kein Kostüm.

13 Ein Anruf. Schreiben Sie die Sätze richtig. (→ 10)

1. buchhandlungwagnergutentagsiesprechenmitfrauberg. **, ! .**
   Buchhandlung Wagner, guten Tag! Sie ____________________
2. gutentaghieristtinaschwarzichhabeeinefrage **! . .**
   ____
3. jabittewaskannichfürsietun **, ? ?**
   ____
4. kannichfrauoberhofersprechenbitte **, ?**
   ____
5. entschuldigungkönnensiedennamenbittewiederholen **, ?**
   ____

14 Wie verdienen die Personen Geld? Schreiben Sie zur jeder Person einen Text. (→ 12)

Jens Budden ist Wattführer. Er arbeitet von Juli bis September. Er muss früh aufstehen und wandert mit Touristen im Watt. Er zeigt den Leuten die Tiere im Watt.

Kellnerin auf dem Oktoberfest – drei Wochen – oft 20 Kilo tragen – viel Geld verdienen

Petra Kocher ____________________
____
____
____

Verkäufer auf dem Weihnachtsmarkt – im Dezember – warme Kleidung tragen – Dresdner Stollen verkaufen

Günter Sachs ____________________
____
____
____

10 Kleidung und Mode

1 Auf der Party. Ergänzen Sie. (→ 1)

◆ Hey, Jana.

◇ _Hallo_ (1) Andreas! Tolle Party, oder?

◆ Ja, jetzt bist ________ (2) ja hier.
Jetzt ist es eine tolle ________ (3)!

◇ Du ________ (4) süß!

◆ Du ________ (5) super aus.
Das T-Shirt ________ (6) echt schön!

◇ ________ (7).

bist • Danke • du • ~~Hallo~~ • ist • Party • siehst

2 Was ist wo in Ihrem Kleiderschrank? Schreiben Sie die Wörter in den Schrank. (→ 2)

PULLOVER HEMD HANDTUCH

PULLOVER HEMD BADETUCH

M A J H J K R K K BLUSE

A N A O E L O L L BLUSE

N Z C S A E C E E T-SHIRT

T U K E N I K I I T-SHIRT

E G E S D D D GELD

L T-SHIRT

GÜRTEL TUCH SWEATSHIRT

SOCKEN SCHAL SWEATSHIRT

SOCKEN MÜTZE SWEATSHIRT

(nach einer Idee von Burkhard Garbe)

3 Meine Kleidungsstücke. Notieren Sie. (→ 2)

Schon sehr alt, aber super: _Mein/Meine_ ________

Die drei Sachen brauche ich: ________

Das mag ich gar nicht: ________

Meine Lieblingsfarben sind: ________

4 Berufe, Lieblingskleidung und Hobbys. Wer mag was? Lösen Sie das Rätsel. (→ 2)

Helena, Anna, Ali und Max arbeiten in verschiedenen Berufen: als Sportlehrer/in, Programmierer/in und Reiseführer/in. Eine Person studiert an der Uni.

Ihre Lieblingskleidung ist ganz verschieden: Stiefel, ein Sweatshirt, eine Mütze und Jeans.
Jede Person findet etwas anderes nicht gut: Pullover, Jacken, Stiefel oder Gürtel.

Helena arbeitet mit Computern. Sie findet Stiefel doof. Der Reiseführer heißt nicht Ali und er mag keine Pullover. Die Sportlehrerin macht auch in der Freizeit viel Sport. Sie trägt fast immer ihre Mütze. Der Student trägt immer seine Jeans: zu Hause, in der Uni, beim Ausgehen, nur nicht im Bett. Aber immer ohne Gürtel, Gürtel findet er hässlich!

Wer mag keine Jacken? Und wer findet Stiefel toll?

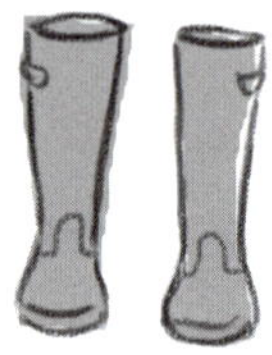

	Beruf	Lieblingskleidung	Er/Sie mag keine ...
Helena			*Stiefel*
Anna		*Mütze*	
Ali			
Max			

5 Andreas und Jana suchen Kleidung im Internet. Ergänzen Sie das Gespräch. (→ 3c und 4)

◆ Hier, dieses T-Shirt ist total sch*ö* *n* (1).
◆ Wel_ _ _ _ (2)?
◆ Das blaue T-Shirt ganz re_ _ _ _ (3).
◆ Stimmt, d_ _ (4) ist ganz gut. Und w_ _ (5) findest du das He_ _ (6)? Das sieht doch t_ _ _ (7) aus.
◆ Dieses Hemd? Also wir_ _ _ _ _ (8) nicht, das ist ja schr_ _ _ _ _ _ _ _ (9).
◆ Also, ich finde es g_ _ (10).
◆ Aber hier, di_ _ _ _ (11) Pullover ist doch toll!
◆ Wel_ _ _ _ (12) denn?
◆ Na, dieser hier. Die Far_ _ _ (13) sind schön.
◆ Wie bitte? Bl_ _ (14), rot, grün? Nee, das m_ _ (15) ich nicht.
◆ Ja ja. Dir gef_ _ _ _ (16) immer nur schwarz o_ _ _ (17) grau.
◆ Ja, und warum ni_ _ _ (18)? Wow, hier d_ _ _ _ (19) Hose. Su_ _ _ (20), oder?
◆ Ho_ _ (21), Pulli, T-Shirt ... – Was su_ _ _ _ (22) du eigentlich?
◆ Ich w_ _ _ (23) es nicht. Ich brauche einfach wie_ _ _ (24) mal etwas Neues.

6 So viele Fragen! Ergänzen Sie die Lücken. (→ 4)

1. Welch*e* Farbe ist Ihre Lieblingsfarbe?
2. Welch___ Pullover steht mir besser?
3. Welch___ T-Shirt ist neu?
4. Welch___ Schal passt besser?
5. Welch___ Stiefel gefallen Ihnen?
6. Welch___ Farbe mögen Sie nicht?
7. Welch___ Pullover nimmst du?
8. Welch___ T-Shirt finden Sie gut?
9. Welch___ Schal meinen Sie?
10. Welch___ Stiefel willst du anziehen?

7 So viele Fragen. Ergänzen Sie die Lücken. (→ 4)

1. ◆ Die Schuhe sind super. Oder nicht? ◆ Welch*e*? ◆ Na, dies*e* hier.
2. ◆ Der Anzug ist schrecklich. ◆ Welch___? ◆ Na, dies___ hier.
3. ◆ Wie findest du den Rock? ◆ Welch___? ◆ Na, dies___ hier.
4. ◆ Das Tuch finde ich gut. ◆ Welch___? ◆ Na, dies___ hier.
5. ◆ Ich glaube, ich kaufe die Stiefel. ◆ Welch___? ◆ Na, dies___ hier.
6. ◆ Das ist ja ein tolles Kleid. ◆ Welch___? ◆ Na, dies___ hier.

8 Das Partizip II steht im falschen Satz. Finden und notieren Sie das richtige Partizip II. (→ 5)

1. Andreas hat im Internet eine Jacke probiert. *bestellt*
2. Jana hat ihm die Jacke ausgesehen. ___
3. Er hat die Jacke auch gleich online zurückgeschickt. ___
4. Heute ist das Paket mit der Jacke empfohlen. ___
5. Andreas hat die Jacke auch gleich angekommen. ___
6. Im Internet hat die Jacke toll umgetauscht. ___
7. Aber sie war zu groß, er hat sie bestellt. ___
8. Er war auf der Post und hat sie bezahlt. ___

9

a Sprechen Sie die Wörter auf der linken Seite laut. Markieren Sie den Akzent: _ (lang) oder • (kurz). Die Wortliste hilft. (→ 5–7)

1. kaufen – verkaufen – einkaufen *gekauft – verkauft – eingekauft*
2. kommen – bekommen – ankommen ___
3. stehen – verstehen – aufstehen ___
4. schicken – verschicken – zurückschicken ___
5. schreiben – beschreiben – aufschreiben ___
6. stellen – bestellen – vorstellen ___

b Schreiben Sie rechts das Partizip II.

10 a Markieren Sie in den Sätzen links das Partizip II. (→ 5–7)

b Ergänzen Sie rechts das Partizip II.

1. Wer hat so laut gerufen?	anrufen	–	Wen hast du gerade *angerufen*?
2. Haben Sie den Film gesehen?	ansehen	–	Ja, ich habe ihn gestern ______.
3. Wohin seid ihr gefahren?	wegfahren	–	Wir sind dieses Wochenende nicht ______.
4. Wann sind Sie gekommen?	ankommen	–	Ich bin gestern Abend ______.
5. Eva ist nach Hause gegangen.	weggehen	–	Sie ist am Abend ______.
6. Peter hat im Zug gestanden.	aufstehen	–	Heute Morgen ist er früh ______.

11 Ergänzen Sie das Verb im Perfekt. (→ 5–7)

be – ben – ~~den~~ – emp – fal – foh – ge – ge – gon – len – len – nen – nen – schrie – ~~stan~~ – ter – un – ~~ver~~ – won

1. Können Sie das bitte wiederholen? Ich *habe* es nicht *verstanden*.
2. Schmeckt das gut? – Ja, sehr! Der Kellner ______ mir das ______.
3. Wir haben eine Wohnung! Heute morgen ______ wir den Vertrag ______.
4. In meinem Job als Promoter ______ ich neue Kunden ______.
5. Der Job als Nikolaus ______ Max sehr gut ______.
6. Heute habe ich frei und lang geschlafen. Der Tag ______ wirklich gut ______.

12 Dativ oder Akkusativ? Welche Form ist richtig? Kreuzen Sie an. (→ 8–10)

1. Haben Sie einen Moment Zeit? Können Sie [a] mich [b] mir helfen?
2. Siehst du Tina? Das Kleid steht [a] sie [b] ihr sehr gut.
3. Gregor hat einen Anzug gekauft. Hast du [a] ihn [b] ihm schon gesehen?
4. Die Kinder haben ihre Stiefel für den Winter probiert. Sie passen [a] sie [b] ihnen nicht mehr.
5. Die Kinder brauchen Schuhe für den Winter. Wir müssen Stiefel für [a] sie [b] ihnen kaufen.
6. Ich hab eine Jeans gekauft. Gefällt sie [a] dich [b] dir?

13 Was passt zusammen? Ordnen Sie zu. Ergänzen Sie die Personalpronomen. (→ 8–9)

1. *E* Können Sie mir helfen, bitte?
2. ___ Wie findest du das Hemd? Passt es?
3. ___ Wie gefallen Ihnen diese Schuhe?
4. ___ Diese Farbe passt gut zu mir.
5. ___ Wie gefällt euch diese Jacke?

A Gut, aber leider passen sie ______ nicht. Sie sind zu klein.

B Wirklich? Nein, Grün steht ______ nicht.

C Gut, die gefällt ______ sogar sehr gut. Was kostet sie?

D Nein, es passt ______ nicht, es ist zu eng.

E Ja, ich komme sofort zu *Ihnen*.

14 Was machen die Personen im Kaufhaus? Schreiben Sie Sätze. Verwenden Sie alle Wörter. Beginnen Sie mit ___. (→ 11)

Michael	sucht	im Erd-geschoss	trinken	Kaffee	im 3. Stock
schenken	ein paar DVDs	eine Tasche	für seine Kamera	in einer Stunde	in der Cafeteria
möchte	ihr	Katrin und Michael	Er	wollen	Katrin und Michael
Katrin	Geburtstag	gehen	möchte	auch	sein Hobby
hat	nächste Woche	ins Kaufhaus	Katrin	das Foto-zubehör	ist
Sie	für ihre Freundin Eva	ein Geschenk	braucht	ansehen	Fotografieren

Katrin und Michael gehen ______________________

____

____

____

15 Im Kaufhaus. Welches Wort passt nicht? Streichen Sie. Ergänzen Sie dann die richtige Abteilung. Die Silben helfen. (→ 11–12)

ar • bens • kel • ~~Kos~~ • Le • ~~me~~ • mit • nik • ren • ren • Schreib • Spiel • Sport • Tech • tel • ti • ~~tik~~ • wa • wa

1. der Lippenstift – das Parfum – ~~die Zeitschrift~~ – das Shampoo *Kosmetik*
2. der Kugelschreiber – der Kaffee – der Block – der Bleistift ______
3. die Badehose – der Fußball – der Schmuck – die Sportschuhe ______
4. das Handy – die Digitalkamera – der Tee – die Batterie ______
5. das Computerspiel – der Ball – das Kochbuch – das Spiel ______
6. das Messer – das Fleisch – das Obst – der Kuchen ______

16 Was heißen diese Wörter? Kreuzen Sie an. (→ 14)

1. die Modeschule [a] Hier kann man Mode-Designer werden. [b] Diese Schule ist sehr modern.
2. der Schuhfan [a] Diese Person liebt Schuhe. [b] Diese Schuhe sind gut für Fans.
3. die Damenmode [a] Nur Damen machen diese Mode. [b] Das ist Mode für Damen.
4. die Öffnungszeit [a] In dieser Zeit ist das Geschäft offen. [b] Das Geschäft ist lange offen.

11 Gesund und munter

1 Gesund leben. Was muss man tun? Streichen und korrigieren Sie. (→ 1)

viel Obst und Gemüse ~~schlafen~~	regelmäßig Sport oder Yoga arbeiten	lange genug fahren	nicht zu viel trinken	viel Wasser essen	nicht immer mit dem Auto machen
essen	______	______	______	______	______

2 Svenjas Blog. Ordnen Sie zu. (→ 1)

1. *D* Svenja möchte acht Wochen lang gesund leben.
2. ___ Svenja ist früh aufgestanden und joggen gegangen.
3. ___ Svenja macht ein gutes Frühstück. Zu Mittag isst sie etwas Warmes und Salat.
4. ___ Die Kollegen von Svenja trinken in der Cafeteria Saft, Limo oder Cola.
5. ___ Svenja träumt von Schokolade und Süßigkeiten.

A Dann hat sie geduscht. Sie war die Erste im Büro.

B Aber Svenja bleibt hart, sie trinkt nur Wasser. Viel Wasser.

C Nach ihrem Experiment will sie ihre Lieblingsschokolade kaufen. Sie freut sich.

D Sie will regelmäßig essen, viel trinken und 5-mal in der Woche Sport machen.

E Um fünf isst sie ein bisschen Müsli. Abends isst sie nichts mehr.

3 Nachrichten von Svenjas Freunden. Ergänzen Sie. (→ 2)

Hi! Thomas *hier* (1). Wir gehen am Wochenende tanzen. Kommst ______ (2) mit? Gesund ______ (3) ist ja ok, aber du kannst doch nicht deine ______ (4) vergessen! Also dann, ______ (5) Freitag Nacht im „Nightlife" – mit dir!!!

Ja, hallo, hier ______ (6) Annette Konrad. Vielen Dank noch mal ______ (7) die Schokolade ______ (8) die Süßigkeiten. Die Kinder ______ (9) dein Experiment wirklich toll – und ich ______ (10). Danach laden wir dich zum ______ (11) ein. Viel Erfolg!

Liebe Svenja, hier ist Mama. Wie ______ (12) es dir denn? Plötzlich so ______ (13) essen und so ______ (14) Sport! Das kann doch nicht ______ (15) sein. Bist du am Wochenende zu ______ (16)? Melde dich.

auch • bis • du • Essen • finden • Freunde • für • geht • gesund • Hause • ~~hier~~ • ist • leben • und • viel • wenig

4 Im Fitness-Studio. Ergänzen Sie die Lücken. (→ 3)

◆ Also, Svenja, w_i_r_ (1) machen jetzt ei___ (2) Fitness-Test.
◇ Ok. Hoff________ (3) bin ich fit g____ (4).
◆ Ich muss er__ (5) das Gerät einstellen. W__ (6) alt bist du?
◇ Ich bin j____ (7) 27.
◆ Al___ (8) klar. Und wie g___ (9) bist du?
◇ 1,75 m.
◆ Entschuldige, a___ (10) dein Gewicht brauche ich auch. Wie viel w_____ (11) du?
◇ Oh, das möchte ich nicht s____ (12).
◆ Das br______ (13) ich für den T___ (14).
◇ Also gut, ung______ (15) 68 kg.
◆ Gut, d___ (16) machen wir jetzt zuerst den F______ (17)-Test.

5 Schreiben Sie die Körperteile mit Artikel und Plural. (→ 4)

__RM	__LLB__G__N	B__CH	B__N	K__PF	F__NG__R
H__LS	H__ND	H__RZ	KN__	R__CK__N	F__SS

der Arm, die Arme ________ ________ ________
________ ________ ________ ________
________ ________ ________ ________

6 Was machen Sie mit ...? Ordnen Sie die Verben zu. (→ 4)

chen cken ~~den~~ ge hen hen
hö ~~ken~~ ren rie schme se

mit dem Kopf – *denken*
mit den Augen – ________
mit der Nase – ________
mit dem Mund – ________
mit den Ohren – ________
mit den Beinen – ________

7

a Welche Zeichnung passt? Ordnen Sie zu. (→ 5)

b Was ist richtig? Kreuzen Sie an.

1. Svenja, [a] steh [b] steht auf einem Bein! *C*
2. Claire, [a] spann [b] spannt den Bauch an! ___
3. Svenja und Claire, [a] streck [b] streckt die Arme aus! ___
4. Ihr alle, [a] zieh [b] zieht ein Knie hoch! ___
5. Claire, [a] halt [b] haltet den Rücken gerade! ___

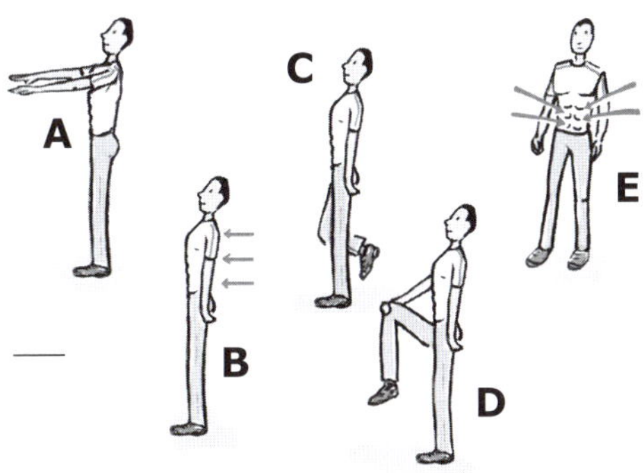

8 Was soll die Katze tun? Was sollen die Hunde tun? Schreiben Sie Aufforderungen. (→ 5)

nicht auf den Schrank klettern

zu mir kommen ganz lieb sein

~~die Milch trinken~~

vom Bett weggehen

nicht weglaufen nicht so laut sein

mit dem Ball spielen

Trink die Milch! ______________________

______________________ ______________________

______________________ ______________________

____

9 Was braucht man im Bad? Lösen Sie das Rätsel. Wie heißt das Lösungswort? (→ 6)

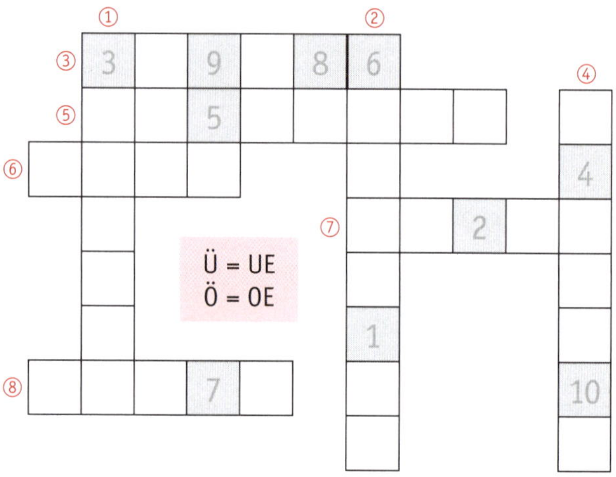

Das Lösungswort heißt: ______________________.

10 Ein Unfall. Was ist passiert? Ergänzen Sie die Verben im Perfekt. (→ 8)

Frau Perfler hatte einen Unfall. Sie *ist* mit dem Fahrrad *gestürzt* (stürzen; 1). Ihr Knie war verletzt. Es ________ sehr ____________ (wehtun; 2). Sie ________ zum Arzt ____________ (gehen; 3). Frau Doktor Klimke ________ einen Verband ____________ (machen; 4). Sie ________ Frau Perfler auch ein Rezept für eine Salbe ____________ (geben; 5). Frau Perfler ________ in der Apotheke die Salbe ____________ (holen; 6). Jeden Morgen ________ sie den Verband ____________ (wechseln; 7). Frau Perfler ________ drei Tage zu Hause ____________ (bleiben; 8) und ________ das Bein nur wenig ____________ (bewegen; 9).

11 Ratschläge vom Arzt: Wer soll was machen? Schreiben Sie Sätze mit *sollen*. (→ 9)

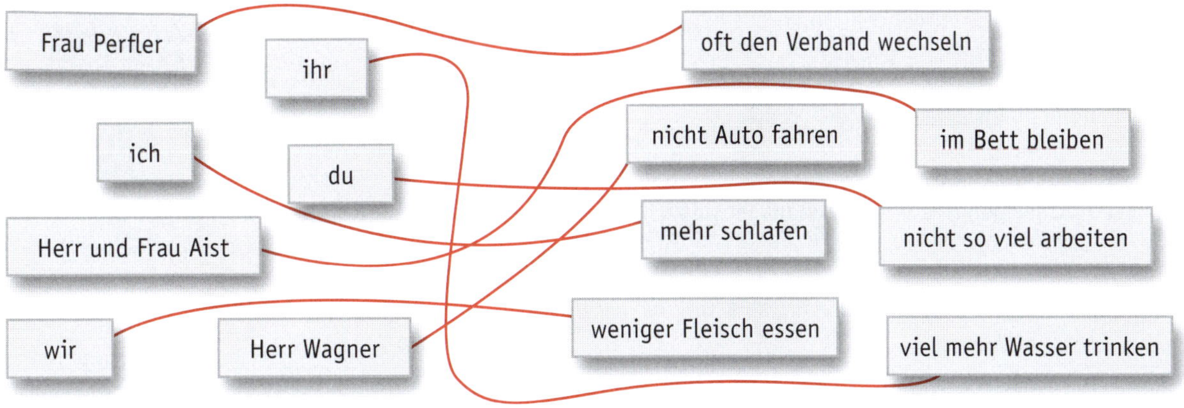

	ich	*soll*	*mehr*	*schlafen.*
	du			
	Herr Wagner			
Der Arzt hat gesagt,	Frau Perfler			
	wir			
	ihr			
	Herr und Frau Aist			

12 Was passt: *müssen, dürfen* oder *nicht dürfen*? Ergänzen Sie. (→ 10)

Herr Wagner hat Bauchschmerzen. Er geht zum Arzt. Er *muss* (1) zu Hause bleiben, er ______ (2) arbeiten. Er ______ (3) einen Tag lang nichts essen, aber er ______ (4) viel trinken, besonders Tee.

Ihr Kind hat Husten, Hals- und Kopfschmerzen. Es ______ (5) in die Schule gehen, es ______ (6) drei Tage lang im Bett bleiben. Es ______ (7) rausgehen. Aber es ______ (8) fernsehen. Und es ______ (9) Hustensaft nehmen.

Frau Aist arbeitet zu viel. Sie hat auch Rückenschmerzen. Sie ______ (10) Tabletten und Tropfen nehmen. Sie ______ (11) aufstehen, aber sie ______ (12) arbeiten gehen oder joggen.

13 Was fragen Ärzte und Patienten? Schreiben Sie Fragen. (→ 11)

1. wo / es / besonders / wehtun / ? *Wo tut es besonders weh?*
2. seit wann / Sie / die Schmerzen / haben / ? ______
3. Sie / auch / Fieber / haben / ? ______
4. ich / in die Firma / gehen / dürfen / ? ______
5. wie lange / ich / im Bett / bleiben / müssen / ? ______
6. wie oft / ich / die Tropfen / nehmen / müssen / ? ______

14 Schreiben Sie die Sätze richtig. (→ 11)

1. gutentagfraudoktormirgehtesgarnichtgut , ! .
   Guten Tag, Frau Doktor! Mir ______
2. wastutihnendennwehfrauwagner , ?
   ______
3. wielangehabensiedasfieberschonundhabensieauchhusten ? ?
   ______
4. frauwagnerichgebeihneneinrezeptfürtabletten , .
   ______
5. wannmussichdietablettennehmenvorodernachdemessen ? ?
   ______

15 Ergänzen Sie die Wörter in den Forumsbeiträgen. Schreiben Sie dann Tipps. (→ 12)

Arzt • ~~einschlafen~~ • gibt • Hausmittel • helfen • Hilfe • Medikamente • müde • nehmen • Ordnung • probiert • Schmerzen • Schnupfen • Tipp • tun • will

Ich kann nicht *einschlafen* (1), ich bin total ______ (2), aber es geht nicht. Schlaftabletten ______ (3) ich nicht nehmen. Hat jemand einen ______ (4)?

einfach früher aufstehen, Milch mit Honig trinken
Steh einfach früher auf!
______

Ich bin oft erkältet und habe immer ______ (5). Ich habe schon so viel ______ (6): inhalieren, baden, Tee, Tabletten ______ (7). ______ (8) es noch etwas?

Hühnersuppe machen, die Suppe heiß essen
______
______

Hilfe, Halsweh! Mein ______ (9) gibt mir Tabletten und andere ______ (10). Kennt jemand ein ______ (11)? Wer kann mir ______ (12)?

Kartoffeln kochen, sie um den Hals binden
______
______

Der Zahnarzt sagt, es ist alles in ______ (13). Aber ich habe immer ______ (14). Was kann ich ______ (15)? Ich brauche eure ______ (16). Bitte!

diesen Tipp probieren, eine Nelke in den Mund nehmen
______
______

16 Welches Wort passt nicht? Streichen Sie. (→ 14)

1. die Apotheke – die Medikamente – ~~die Praxis~~ – das Rezept
2. der Patient – die Physiotherapeutin – der Notarzt – die Apothekerin
3. verletzt – erkältet – gesund – krank
4. die Spritze – das Pflaster – das Fieber – die Tablette
5. die Halsschmerzen – die Arzthelferin – der Unfall – der Schnupfen

Ab in den Urlaub! 12

1 Was für einen Urlaub machen die Leute? Schreiben Sie die Wörter mit Artikel. Kontrollieren Sie mit der Wortliste. (→ 1)

Baden im Meer, das ist für mich Urlaub!

Ich liebe Urlaub im Winter.

Mir gefällt der Urlaub auf dem Campingplatz.

Skifahren ist mein Hobby!

Ich mache gern ein paar Tage Urlaub in einer Stadt.

Unser Urlaub im Sommer? Ganz einfach: Wir bleiben zu Hause.

der ________urlaub

der Badeurlaub
____
____
____
____
____
____

2 Zwei Sachen passen nicht ins Gepäck. Streichen Sie und notieren Sie am richtigen Ort. (→ 1)

Hamburg	Bodensee-Camping	Skiwelt Amadé	Rügen/Ostsee
die Handtasche die Badehose der Fußball der Regenschirm die Digitalkamera	das Zelt Messer, Gabel, Löffel der Helm Lebensmittel die Abendkleidung	die Sandalen die Mütze die Skischuhe die Skibrille ~~der Stadtplan~~	die Sonnencreme der Schlafsack der Bikini die Winterjacke der Badeanzug
der Stadtplan ______________	______________ ______________	______________ ______________	______________ ______________

3 Was haben die Personen immer dabei? Ergänzen Sie. (→ 2)

Herr Albo fährt ni__ (1) ohne Sonnencreme weg. E__ (2) hat Probleme und br__ __ __ __ __ (3) immer seine Sonnencreme, au__ __ (4) im Winter. Er d__ __ __ (5) nie lange in der S__ __ __ __ (6) sein.
Frau Mersa nimmt i__ __ __ __ (7) ihren Rucksack mit. Stadtp__ __ __ (8), Kamera, Handy, alles h__ __ (9) in ihrem Rucksack Pl__ __ __ (10). Er ist überall pr__ __ __ __ __ __ __ __ (11), in der Stadt, a__ __ (12) dem Weg zur Ar__ __ __ __ (13) und natürlich beim Sp__ __ __ (14).
Christian Hilber ni__ __ __ (15) immer seinen Laptop m__ __ (16). Er ist auch i__ (17) Urlaub immer und üb__ __ __ __ __ (18) online und bekommt Inf__ __ __ __ __ __ __ __ __ __ __ (19). Und er kann Ko__ __ __ __ __ (20) zu den Freunden hal__ __ __ (21). Das ist ihm wi__ __ __ __ __ (22).

4 Das habe ich im Urlaub immer dabei. Schreiben Sie. (→ 2)

Ich nehme immer ______________________ mit.

Ich brauche meinen/mein/meine ______________________.

Ich kann/möchte/muss ______________________.

______________________.

5 Elena und Hanna in Hamburg. Schreiben Sie Tipps im Imperativ. (→ 3)

1. zuerst / eine Hafenrundfahrt / mitmachen / ! *Macht zuerst eine Hafenrundfahrt mit!*
2. ein Stück / im Thaliatheater / ansehen / ! ______________________
3. das Teemuseum / besichtigen / ! ______________________
4. im Schanzenviertel / shoppen gehen / ! ______________________
5. eine typische Kneipe / besuchen / ! ______________________
6. in einer Kneipe / Labskaus / probieren / ! ______________________

6 Im Hotel. Schreiben Sie die Wörter mit Artikel. (→ 3)

~~An~~ Auf Aus dit ~~dung~~ Ein kar Kre ~~mel~~ mer pass

Rei Schlüs schrift se sel te ter Un weis zel zim zug

die Anmeldung ______________ ______________ ______________

______________ ______________ ______________ ______________

7 Auf einer Reise. Was macht man? Ergänzen Sie die Verben. (→ 3)

bekommen • bezahlen • reservieren • unterschreiben • ~~zahlen~~ • zeigen

1. die Rechnung im Hotel bar *zahlen*
2. ein Zimmer für eine Nacht ______________
3. die Anmeldung ______________
4. den Reisepass oder den Ausweis ______________
5. mit der Kreditkarte ______________
6. den Zimmerschlüssel ______________

8 Mobil in der Stadt. Ordnen Sie den Dialog. (→ 4)

____ An der vierten Haltestelle steigen Sie aus. Das ist der Aeschenplatz.

____ Dort steigen Sie um und fahren mit der Nummer 14 weiter.

1 Entschuldigung, wie komme ich zum Aeschenplatz?

____ Fahren Sie bis zur Schifflände.

____ Vielen Dank.

____ Wir sind hier am Wettersteinplatz. Nehmen Sie die Straßenbahn Nummer 34.

9 Einen Weg erklären. Ergänzen Sie die Lücken. (→ 4)

◆ Ich habe noch _eine_ (1) Frage. Wie ______ (2) ich zu dir?

◆ Das ist ganz einfach. Am Bahnhof ______ (3) du den Bus Nummer 4, ______ (4) zum Krankenhaus.

◆ Wann ______ (5) der Bus?

◆ Alle 10 Minuten, du musst nie lange ______ (6). Und dann ______ (7) du umsteigen.

◆ Also mit dem Bus ______ (8) 4 bis zum Krankenhaus …

◆ Ja, genau, und von dort ______ (9) du mit der Nummer 9 weiter, Richtung See-Stadion. An der ______ (10) Stadiongasse steigst du aus.

◆ Ist es dann noch ______ (11) zu dir?

◆ Nein, direkt ______ (12) der Haltestelle beginnt die Seestraße. Dort ______ (13) ich, gleich Hausnummer 5. Es ist wirklich ganz ______ (14). Und dann trinken wir zuerst einmal Kaffee.

an • bis • ~~eine~~ • einfach • fährst • fährt • Haltestelle • komme • musst • nimmst • Nummer • warten • weit • wohne

10 Eine Mail aus Hamburg. Was ist falsch? Streichen und korrigieren Sie. (→ 5)

~~Liebe~~ Michael,
ich bin mit Elena bis Sonntag aus Hamburg. Hier sind es sehr schön. Aber die Wetter ist schlecht. Gestern es war windig und sehr kalt, aber heute scheinen die Sonne. Und morgen regnen es wieder. Wir hat in Hamburg schon viel geseht: Wir sind in eine Museum gegangen und wir haben mit eine Schiff durch den Hafen gefahren. Das war toll! Unsere Hotel ist klein und schön, sie ist auch nicht teuer. Aber wir braucht viel Geld beim Shoppen.
Viele Grüßen in Hamburg,
dein Hanna

Lieber ______

11 Was kann man in diesem Urlaub machen? Wählen Sie aus oder ergänzen Sie selbst Informationen. Schreiben Sie Sätze mit *man*. (→ 5)

im Meer schwimmen • ~~im Schnee spazieren gehen~~ • im Zelt schlafen • in der Sonne liegen • ins Theater gehen • jeden Tag Ski fahren • shoppen • eine Stadtführung mitmachen • ...

1. Im Winterurlaub *kann man im Schnee spazieren gehen.*
2. Im Campingurlaub ______
3. Im Stadturlaub ______
4. Im Badeurlaub ______
5. Im Skiurlaub ______

12 Was haben Laura und Christian gemacht? Schreiben Sie Sätze. (→ 7)

1. Laura und ihre Freundin Tina *sind nach Berlin gefahren.*
   (Laura / und ihre Freundin Tina / nach Berlin / fahren)
2. Am ersten Abend ______
   (am ersten Abend / sie / den Weg zurück / nicht mehr / finden)
3. Nach zwei Stunden ______
   (nach zwei Stunden / ein Taxifahrer / ihnen / helfen)
4. Christian ______
   (Christian und seine Freundin / zum Skifahren / nach Salzburg / fliegen)
5. Am Flughafen in ______
   (am Flughafen / in Salzburg / Christian / den falschen Koffer / nehmen)
6. Christian ______
   (Christian / drei Tage lang / viel schlafen / und fernsehen)
7. Nach drei Tagen ______
   (nach drei Tagen / er / endlich / seinen Koffer / bekommen)

13 Der Urlaub von Alexa. Ergänzen Sie die Fragewörter. Die Antworten sind markiert. (→ 8)

AlexaxelA Kommentare

Bin wieder da! Ich war jetzt zwei Wochen lang in Schweden, in Göteborg. Meine Schwester und ich haben viele nette Leute getroffen. Wir waren immer am, aber kaum im Meer ;-)) Das Wasser war zu kalt, brrrr! Es war sehr lange hell, wir sind lang wach geblieben. Wir sind auch mit einem Bus nach Stockholm gefahren. Und weißt du, was mir passiert ist? Auf der Rückfahrt haben sie mich in einem Café vergessen! Die Kellnerin war aber sehr nett und hat mir geholfen. Ich bin mit einer Familie zurück nach Göteborg gefahren. So ein Glück!

(weiterlesen ...)

1. *Wie lange* war Alexa weg?
2. ______ war Alexa?
3. ______ haben sie getroffen?
4. ______ war das Wasser?
5. ______ haben sie gemacht?
6. ______ sind sie gefahren?
7. ______ ist passiert?
8. ______ hat Alexa geholfen?
9. ______ ist sie zurückgefahren?

14 Was ist passiert? Ordnen Sie die Geschichte und schreiben Sie die Sätze. (→ 8)

Alexa kommt glücklich in Göteborg an. • Alexa trinkt einen Kaffee. • Der Bus fährt ohne sie weg. • Die Kellnerin hilft ihr.

1. Zuerst *hat Alexa einen Kaffee* ______
2. Dann ______
3. Später ______
4. Zum Schluss ______

15 Ärger im Hotel. Was passt zusammen? Ordnen Sie zu. (→ 11)

Die Gäste

1. *D* Entschuldigen Sie.
2. ____ Wir sind nicht zufrieden mit dem Zimmer.
3. ____ Wir können nicht schlafen, die Musik ist so laut.
4. ____ Können Sie uns ein anderes Zimmer geben?
5. ____ Können wir mit dem Chef sprechen?

Der Angestellte im Hotel

A Was ist das Problem?
B Das geht leider nicht, es ist kein Zimmer frei.
C Natürlich, ich rufe ihn sofort.
D Ja? Wie kann ich Ihnen helfen?
E Das tut mir sehr leid. Aber wir können die Musik nicht leise machen, leider.

16 Was passt? Kreuzen Sie an. (→ 11)

1. Es gibt keine Handtücher im Bad. Das ganze Bad ist total [a] kalt. [b] nass. [c] kaputt.
2. Die Heizung funktioniert nicht. Im Zimmer ist es [a] zu laut. [b] zu schmutzig. [c] zu kalt.
3. Das Wasser ist kalt. Ich kann nicht [a] duschen. [b] schlafen. [c] fernsehen.
4. Ich bin nicht zufrieden mit dem Bett. Es ist [a] zu weich. [b] zu kalt. [c] zu lang.
5. Das Bad ist schmutzig. Sie müssen es sofort [a] reparieren. [b] baden. [c] sauber machen.
6. Die Dusche ist kaputt. Bitte [a] reparieren [b] funktionieren [c] organisieren Sie die Dusche sofort.

17 Schreiben Sie die Sätze richtig. (→ 11)

1. entschuldigensieesgibteinproblemimbad . .

   Entschuldigen Sie. Es ______

2. dastutmirleidwasistdasproblem ? .

   ______

3. ichbinnichtzufriedenkönnensiemireinandereszimmergeben . ?

   ______

Lösungen

1 Guten Tag!

1 das Frühstück

2a 2A, 3E, 4D, 5B

2b Hallo Philipp! Wie geht's?
Danke, sehr gut. Und dir?
Es geht, danke.

3a Guten Morgen! – Guten Tag! – Guten Abend! – Gute Nacht!

3b 2. Name, 3. Morgen, 4. heiße, 5. Frau, 6. Ihnen, 7. gut, 8. danke, 9. Abend, 10. ist, 11. Herr

4 2. Sie – kommt, 3. Sie – wohnt, 4. ist, 5. Er – kommt, 6. Er – wohnt

5 1. ist, 2. bin – bist, 3. ist, 4. sind

6a 2. wohnen, 3. kommen, 4. sprechen, 5. heißt, 6. wohnst, 7. kommst, 8. sprichst

6b 2. kommen Sie, 3. wohnst du, 4. sprechen Sie

8a 1 = eins, 2 = zwei, 3 = drei, 4 = vier, 5 = fünf, 6 = sechs, 7 = sieben, 8 = acht, 9 = neun, 10 = zehn

8b

zwei x fünf	zwanzig : zwei	vier x zwei	vier + fünf
zwei + sieben	fünf x zwei	zwanzig – elf	sechzehn – acht
elf – drei	drei x drei	drei + fünf	fünfzehn + vier
neunzehn – zehn	dreizehn – eins	achtzehn : zwei	vierzehn – sechs
sieben + fünf	vier + sieben	siebzehn – neun	siebzehn – acht

8c 1. siebzehn; 2. sechzehn; 3. elf, sechzehn; 4. sechzehn, zwanzig; 5. sechs, null

9 Sprache, Telefonnummer, Postleitzahl, Entschuldigung, Handynummer, Land, Webseite

10
1. Hallo, bin, Und, heißt
2. Ich, aus, woher, du
3. Herr, wohnt, Frankfurt, wo, Sie
4. spricht, Englisch, Deutsch, Welche, Sprachen
5. Wie, du, bitte, Kannst, das, buchstabieren
6. Wie, Ihnen, Danke, geht, Und
7. Wiedersehen, Herr, Auf, Wiedersehen

11a @ = at, – = minus, . = Punkt, _ = Unterstrich

11b alex-lener@ola.at
pia_remler@quinnet.ch

12
1. Kannst du das buchstabieren?
2. Entschuldigung, noch einmal bitte.
3. Bitte ein bisschen langsamer.
4. Das verstehe ich nicht.

13

Name	wohnt in ...	kommt aus ...	spricht ...	lernt ...
Anna Thalmann	Berlin	Russland	Deutsch, Russisch	Englisch
Hanno Häberli	Frankfurt	(der) Schweiz	Deutsch, Französisch, Italienisch	Englisch
Esra Zengin	Köln	Deutschland	Türkisch, Deutsch	Englisch, Chinesisch

14 Sprachen: Deutsch, Türkisch, Englisch, Italienisch, Arabisch
Länder: (die) Schweiz, Ägypten, China, Österreich, Frankreich, Russland

15 2. Anna, und du? 3. In Frankfurt. 4. Aus Salzburg. 5. Aus Deutschland.

2 Freunde, Kollegen und ich

1a chatten, joggen, kochen, reisen, schwimmen, singen, tanzen

1b 2. schwimme, 3. jogge, 4. chatten, 5. reise, 6. macht, 7. fotografieren, 8. tanzen

2 2. Singt sie gern? 3. Chattet sie gern? 4. Reist er auch gern? 5. Was macht er gern? 6. Hörst du gern Musik? 7. Herr Jamek, fotografieren Sie gern?

3a 2. Tom und Katja reisen oft. 3. Betty liebt Bücher und liest gern. 4. Ben hört gern Musik und singt super. 5. Markus und Hannes spielen Fußball.

3b 1. Liest du gern? Sprichst du Deutsch? 2. Kommt ihr aus Österreich? Lernt ihr Spanisch? 3. Fotografieren Sie auch gern? Hören Sie gern Musik?

4 Sätze: Katja und Ben singen gern. Hannes spielt auch gern Fußball. Ich koche Spaghetti. Wir gehen ins Kino. Ja-/Nein-Fragen: Liest du auch gern? Hört ihr Musik? Tanzt du gern?

5a Du gehst ins Restaurant. Hannes geht ins Theater. Betty geht ins Museum. Ihr geht ins Café. Ben und Tom gehen ins Fußballstadion.

5b
◆ Gehen wir ins Café?
◆ Ja, gern, wann?
◆ Heute.
◆ Nein, das geht leider nicht.
◆ Am Freitag?
◆ Ja, das geht.
◇ Gehen wir ins Theater?
◇ Ja, gern. Wann?
◇ Am Samstag.
◇ Das geht leider nicht.
◇ Und am Sonntag?
◇ Ja, das geht. Super.

6a die Architektin, die Architektinnen
die Ärztin, die Ärztinnen
der Elektriker, die Elektriker
der Hausmeister, die Hausmeister
der Ingenieur, die Ingenieure
der Journalist, die Journalisten
die Juristin, die Juristinnen
die Lehrerin, die Lehrerinnen
der Professor, die Professoren
der Student, die Studenten
die Taxifahrerin, die Taxifahrerinnen
die Technikerin, die Technikerinnen

6b 2. Wann arbeitest du? 3. Wann hast du frei? 4. Arbeitest du am Wochenende?

7 1D, 2A, 3B, 4C

9 der Tag – die Woche – der Monat – das Jahr

10a
1. null null fünf drei / vierundsechzig zweiundfünfzig einunddreißig
2. null sechs acht neun / eins siebzehn vierhundertzwanzig
3. null eins fünf zwei / sechsundfünfzig siebenundzwanzig zwölf
4. null neun sieben vier sechs sechs / einundachtzig zehn siebenundzwanzig

10b sieben, zwölf, zweiundfünfzig, dreihundertfünfundsechzig, Stunden.

11 die Freundin, der Kollege, die Kollegin, der Partner, die Partnerin, der Mensch, die Frau, die Person, der Name, das Land, die Stadt

12 2. sind, 3. ist, 4. bin, 5. bin, 6. ist, 7. seid

13 Frühling, Sommer, Herbst, Winter
März, Juni, September, Dezember
April, Juli, Oktober, Januar
Februar, August, November, Mai

14 Telefonnummer: +49/30/317 11 28, Nachname: Petrow, Beruf: Programmiererin, Vorname: Katja, E-Mail-Adresse: katja.petrow@gigabiz.com, Handynummer: mobil: 05157 / 17 43 65 99

3 In der Stadt

1a das Hotel, der Park, der Bahnhof, der Fluss

1b 2. das Land – die Länder
3. die Straße – die Straßen
4. der Terminal – die Terminals
5. das Geschäft – die Geschäfte
6. die Stadt – die Städte

2 2. ist, 3. Die, 4. Städte, 5. Hafen, 6. Fluss, 7. sind, 8. Jahr, 9. Menschen, 10. Es, 11. alt, 12. Meter, 13. Turm

3 2. alt, 3. groß, 4. hoch, 5. lang, 6. lang, breit

4 2E, 3A, 4B, 5D

5 der Besucher, das Foto, das Buch, die Person, die Freundin, die Frau, das Restaurant, der Herr, der Freund, das Café, die Kollegin

6 1. Der Boxer, 2. ein Theater – das Thalia-Theater, 3. eine Journalistin – Die Journalistin; 4. – Die Schiffe

7 ein Bleistift, ein Block, ein Blatt, ein Stift, ein Radiergummi, eine Tafel, ein CD-Player

8

					S		
S			A	U	T	O	
C		B			R		
H		U	–	B	A	H	N
I		S			S		
F					S		
F	L	U	G	Z	E	U	G
					N		
	T				B		
F	A	H	R	R	A	D	
	X				H		
	I				N		

Lösungswort: AERZTIN (Ärztin)

9 1. Schnell, da ist ein Bus! 2. Ach nee, kein Bus. Also schnell zur U-Bahn! 3. Oh nein! Keine Fahrkarte! 4. Ich gehe zu Fuß. Jetzt aber schnell!
5. Wo ist der Weg? Links, geradeaus oder rechts?
6. Heute kein Test! So ein Glück!

10 2. kein, 3. ein, 4. , 5. keine, 6. , 7. eine, 8. keine, 9. ein, 10. eine, 11. keine, 12. ein

11 Gespräch 1: 2. bitte, 3. ist, 4. einfach, 5. geradeaus, 6. links, 7. Meter, 8. dann, 9. Vielen, 10. gern,
Gespräch 2: 11. Entschuldigung, 12. Gehen, 13. rechts, 14. Sie, 15. circa, 16. dann, 17. da, 18. Dank

12a A ein Platz/der Marktplatz, links, die Kirche
B geradeaus, das Rathaus
C die U-Bahn, links, das Hotel
D der Bahnhof, links, rechts, Meter, geradeaus, Rathaus

12b 2. Fahren Sie links und dann rechts. 3. Fahren Sie mit dem Bus. 4. Gehen Sie einfach zu Fuß. 5. Fahren Sie nicht mit dem Taxi. 6. Das ist ganz einfach.

13 Auf dem Stadtplan ist ein Museum, ein Café, ein Bahnhof, eine Kirche und ein Markt.
Auf dem Stadtplan sind zwei Theater, drei Kinos, zwei Restaurants, drei Geschäfte und drei Hotels.
Hier ist kein Fußballstadion, kein Hafen, kein Flughafen und kein Rathaus.

14 1. fahre; 2. Gehst, gehe; 3. gibt, gibt; 4. Hast; 5. wohnst; 6. Sprichst

15 2. Wer – C, 3. Wo – A, 4. Was – E, 5. Woher – B, 6. Wie – D

4 Guten Appetit!

1a Obst und Gemüse: die Tomate, die Gurke, der Salat, die Kartoffeln, die Birne, die Zwiebel
Getränke: der Orangensaft, das Wasser, der Apfelsaft, die/das Cola, (der Kaffee, der Tee)
Backwaren: die Kekse, der Kuchen, das Brot, das Brötchen
Milchprodukte und Eier: die Sahne, das Ei, die Milch, der Käse, der/das Joghurt, die Butter
Fleisch: der Schinken, die Wurst, das Hähnchen, das Fleisch
andere Lebensmittel: das Müsli, der Reis, die Nudeln, die Schokolade, die Marmelade, die Oliven, (der Kaffee, der Tee)

1b ein Salat, zwei Bananen, zwei Joghurts, eine Gurke, ein Brot, sechs Eier, zwei Äpfel, sieben Kartoffeln, zwei Birnen

2a 2C, 3E, 4B, 5A

2b 2. Guten, 3. Sie, 4. das, 5. Haben, 6. Noch, 7. bitte, 8. Brot, 9. macht, 10. Euro

2c 1. Guten Tag! Was möchten Sie, bitte?
2. 200 Gramm Schinken.
3. Haben Sie noch einen Wunsch?
4. Ja, ich brauche noch drei Brötchen.
5. Hier, bitte schön. Noch etwas?

3 der Markt, der Supermarkt, die Metzgerei

4 Anna und Nikolaj essen zwei Brötchen und Käse. Ich esse Obst und trinke Tee. Wir frühstücken zusammen. Du isst Brot mit Wurst. Anna trinkt Kaffee mit Milch und isst Müsli.

5

2. Abends	isst	Frau Olt gern Brot, Salat oder eine Suppe.
3. Am Wochenende	frühstückt	Herr Baumeister nicht.
4. Abends	kocht	Lars Baumeister oft Fisch.
5. Mittags	essen	wir Fisch oder Fleisch mit Gemüse
6. Am Vormittag	trinke	ich nur einen Kaffe mit Milch.

6a die Pizza, das Fleisch, das Brot, die Wurst, der Salat

6b 1. einen, 2. das, 3. das, 4. eine, 5. den, 6. die, 7. die, 8. das, 9. die

7 3. macht, 4. den (einen), 5. kauft, 6. das (ein), 7. kauft, 8. den, 9. macht, 10. den (einen), 11. kocht, 12. das

8a 2. der, 3. den, 4. einen, 5. die, 6. eine, 7. ein, 8. den

8b 2. Wie viel kostet der Apfelsaft?
3. Wie teuer sind die Eier?
4. Was kosten zwei Kilo Äpfel?
5. Haben Sie auch Oliven?
6. Woher kommt der Fisch?

9a der Becher: der/das Joghurt
die Packung: der Zucker, der Reis
die Flasche: der Orangensaft, die/das Cola
das Glas: die Marmelade, (der/das Joghurt)

9b 2. Kilo, 3. Liter, 4. Stück, 5. Gramm, 6. Liter

10 4,90 €: a, 0,79 €: b, € 7,80: b, € 11,05: a

11 2. Danke, 3. Fisch, 4. der, 5. gut, 6. Möchten, 7. Nein, 8. sehr, 9. bin, 10. trinken, 11. einen, 12. Glas, 13. nehme, 14. bitte, 15. Fleisch, 16. Würstchen, 17. lecker

12 2. Du magst keine Oliven.
3. Lara mag keine Tomaten.
4. Wir mögen keinen Salat.
5. Ihre mögt keinen Käse.
6. Lara und Nikolaj mögen keine Pizza.

14

Name	Beruf?	Wo arbeitet er/sie?
Josef Rinner	Landwirt	auf dem Bauernhof, auf dem Markt
Berna Ekici	Verkäuferin	im Supermarkt

Name	Was mag er/sie?	Was mag er/sie nicht?
Josef Rinner	Arbeit auf dem Bauernhof	den Markt / Arbeit auf dem Markt
Berna Ekici	die Kolleginnen, den Samstag	Arbeit nach 5 Uhr

5 Tag für Tag

1 1. joggt, 2. duscht, 3. frühstückt, 4. liest, 5. arbeitet, 6. isst, 7. arbeitet, 8. geht, 9. trifft

2 2. Am Morgen joggt er nicht. (Er joggt am Morgen nicht.) 3. Er spielt mit Freunden Fußball. 4. Am Nachmittag trifft er Carina. (Er trifft am Nachmittag Carina.) 5. Ben und Carina gehen spazieren. 6. Am Abend sehen sie einen Film. (Sie sehen am Abend einen Film.) 7. Ben geht spät nach Hause.

3
07:30 – halb acht
21:35 – fünf nach halb zehn
13:05 – fünf nach eins
10:55 – fünf vor elf
17:45 – viertel vor sechs
19:25 – fünf vor halb acht
08:10 – zehn nach acht
22:15 – viertel nach zehn
03:30 – halb vier

4

2. Um sieben	nimmt	er den Bus.
3. Hella	macht	um zehn Pause.
4. Sie	geht	um fünf nach Hause.
5. Am Abend	liest	sie Nachrichten.
6. Um halb zehn	chatten	Hella und Julian.

5 2. um, 3. am, 4. um, 5. von, 6. bis, 7. Am, 8. um, 9. am, 10. von, 11. bis

6 1b, 2b, 3a, 4b, 5a

7a
die Eltern: der Vater und die Mutter
die Kinder: der Sohn und die Tochter
die Geschwister: der Bruder und die Schwester
die Großeltern: der Großvater und die Großmutter
die Ehepartner: der Ehemann und die Ehefrau

7b 2. Geschwister, 3. Schwester, 4. Brüder, 5. Eltern, 6. Vater, 7. Geschwister, 8. Mutter

8

Das ist	mein Computer.	unser Hund.
	mein Handy.	unser Auto.
	meine Zeitung.	unsere Uhr.
Das sind	meine Fotos.	unsere Fahrräder.

9
1. eure, 2. Euer, 3. eure
5. eure, 6. Dein, 7. Unser
8. dein, 9. unser, 10. Mein 11. sein

10 2. sein, 3. ihr, 4. ihr, 5. seine, 6. sein, 7. seine, 8. ihre, 9. seine, 10. sein

11 1. können, 2. wollen, 3. Willst, 4. wollen, 5. müssen, 6. kann, 7. muss

12

2. Ben	will	am Sonntag Carina	treffen.
3. Ben und Carina	wollen	am Nachmittag ins Kino	gehen.
4. Mara	muss	auch am Wochenende	arbeiten.
5. Hannes	kann	leider nicht	helfen.
6. Am Samstag	müssen	Mara und Hannes auch	arbeiten.
7. Florian und Jonas	können	am Samstag Fußball	spielen.

13 2. Wie lange müssen Sie arbeiten? 3. Wann könnt ihr kommen? 4. Was wollt ihr heute machen? 5. Wer muss am Abend einkaufen? 6. Wann kannst du mir helfen?

14 2. Zeit, 3. nicht, 4. und, 5. Geht, 6. Abend, 7. leid, 8. Aber, 9. ich, 10. gut, 11. gehen, 12. Idee, 13. kommen, 14. super

15 1. telefonieren, 2. treffen, 3. stressig, 4. Termin, 5. helfen, 6. spazieren, 7. besuchen, 8. Zeit, 9. Moment
Lösungswort: frei haben

16 1b, 2b, 3a

17 2. haben, 3. nicht, 4. um, 5. das, 6. geht, 7. auch, 8. ist, 9. Können, 10. kommen, 11. morgen, 12. Vielen, 13. Bis

6 Zeit mit Freunden

1 ins Kino gehen, Fußball spielen, klettern, grillen, einen Film sehen, Fahrrad fahren, lesen, wandern, schwimmen, fotografieren, tanzen

2 2E, 3A, 4B, 5D

3 2. Name, 3. Frau, 4. Wochenende, 5. Tage, 6. mache, 7. sind, 8. Beruf, 9. arbeite, 10. brauche, 11. kann, 12. Machen, 13. oder, 14. mache, 15. Samstag, 16. Kino, 17. gern, 18. Auf, 19. Wiederhören.

4 2. hat, 3. schenken, 4. feiern, 5. arbeiten, 6. geht, 7. ist, 8. geht, 9. fahren, 10. machen

5a am ersten Februar, am sechsten März, am elften April, am dreißigsten Mai, am einundzwanzigsten Juni, am zehnten Juli, am zwanzigsten August, am achten September, am zwölften Oktober, am siebten November, am vierundzwanzigsten Dezember

5b am siebten Dritten, am ersten Vierten, am dreißigsten Fünften, am vierzehnten Siebten, am ersten Achten, am dreizehnten Elften, am zweiten Zwölften

6 1. an, 2. ein, 3. an, 4. mit, 5. ein, 6. auf, 7. ab

7

Tim und Tom	laden	die Freunde	ein.
Lars	holt	Anne	ab.
Julia	bringt	einen Kuchen	mit.
Silke	ruft	Anton	an.
Jonas	kauft	die Getränke	ein.
Anne	sammelt	Geld für ein Geschenk	ein.

8

Lena	muss	am Abend	einkaufen.
Florian	muss	den Vater	anrufen.
Hannes	muss	die Großeltern	einladen.

9 1. Wann ist die Party?
2. Wo ist die Party?
3. Wo ist das Cafe?
4. Wann fängt die Party an?
5. Wie ist die Telefonnummer?
6. Wer lädt ein?

10 2. Wann fängt die Party an?
3. Wer lädt die Lehrerin ein?
4. Wo kaufen wir die Getränke ein?
5. Was bringen die Gäste mit?

11 1. Bitte schön? 2. Ich hätte gern eine Limonade, bitte. 3. Ich möchte eine Cola. 4. Und was möchten Sie essen? 5. Für mich bitte ein Schnitzel mit Pommes. 6. Ich möchte nichts essen, danke.

12 Der Kaffee ist für mich.
Die Würstchen sind für ihn.
Der Tee ist für dich.
Die Schnitzel sind für uns.
Die zwei Cola sind für sie.

13 das Würstchen, das Hähnchen, die Nudeln (Pl.), die Kartoffeln (Pl.), der Salat, das Gemüse, das Schnitzel, die Pizza, die Pommes (Pl.), die Suppe, der Fisch

14 2. Zusammen, 3. Getrennt, 4. und, 5. Das, 6. Euro, 7. für, 8. die, 9. macht, 10. so, 11. Vielen

15 Das Fest war klasse. Wir hatten ein Picknick im Park. Das Essen und die Getränke waren super. Das Wetter war auch toll. Ich hatte sehr viel Spaß.

16 2. Die Biergärten sind wieder geöffnet. 3. Kommst du heute Nachmittag mit? 4. Ich bringe Brot, Käse und Wurst mit. 5. Was möchtest du gern essen? 6. Ich kann für dich einkaufen. 7. Du musst mich nur anrufen.

7 Kontakte

1 1, 2, 4, 5, 7

2 2E, 3D, 4A, 5C

3 2. geht, 3. gibt, 4. hat, 5. braucht, 6. ist

4 1. anmelden, 2. Formular, 3. Nachname, 4. verheiratet, 5. Geburtsdatum, 6. Firma, 7. weiblich, 8. Wohnort, 9. Telefonnummer
Lösungswort: Nachricht

5 2. Frau, 3. hier, 4. aber, 5. neu, 6. Brief, 7. ja, 8. sind, 9. Mitarbeiterin, 10. gibt, 11. nicht, 12. einen, 13. nein, 14. Problem, 15. manchmal, 16. lesen, 17. wirklich, 18. das, 19. nichts, 20. Ihnen

6 der Kollege, -n; der Hausmeister, –; der Chef, -s; die Sekretärin, -nen; der Mitarbeiter, –; die Abteilungsleiterin, -nen

7 Annika hat ein Meeting mit den Mitarbeitern von „caro" / … ein Gespräch mit dem Chef / … (danach) einen Termin bei der Sekretärin / … (heute) Kaffeepause mit den Kollegen.

8 2. zum, 3. aus dem, 4. Nach dem, 5. von der, 6. aus der, 7. beim, 8. nach der, 9. zur, 10. mit den

9 1. … drücken. 2. … du die Nummer wählen. 3. … du mit Person 2 sprechen. 4. … du auf. 5. … das Gespräch übernehmen.

10 2. Filtertüte einlegen, 3. Kaffee einfüllen, 4. Kanne in die Maschine stellen, 5. Start drücken, 6. den Kaffee genießen

11 2. die Adresse (Albrecht-Dürer-Str. 24, 90403 Nürnberg), 3. die Postleitzahl (90403), 4. der Betreff (Einladung zum Stadtfest), 5. die Anrede (Liebe Frau Barolo,), 6. die Straße (Albrecht-Dürer-Str.), 7. die Hausnummer (24), 8. das Datum (21. Mai 20..), 9. der Wohnort (Nürnberg)

12 Sehr geehrter Herr Matturo – Sehr geehrte Frau Barolo
Lieber Herr Matturo – Liebe Frau Barolo
Lieber Luis – Liebe Luisa

13 2. Einmal pro Woche möchte sie ihren Lernpartner treffen. 3. Italienisch ist ihre Muttersprache. 4. Luisa möchte viel Deutsch und vielleicht Spanisch üben. 5. Viel sprechen ist für sie besonders wichtig.

14 2. der, meinen; 3. das, dein; 4. der, seinen; 5. das, sein; 6. der, seinen; 7. das, ihr; 8. der, unseren; 9. der, euren; 10. die, ihre; 11. der, Ihren; 12. die, Ihre

15 2. deine, 3. deinen, 4. unsere, 5. Ihre, 6. unsere, 7. unser, 8. sein, 9. seinen, 10. sein, 11. euer, 12. eure

17 2. Ich lade Fotos hoch und zeige sie Freunden.
3. Ich möchte neue Kontakte bekommen.
4. Ich bekomme Informationen von Freunden.
5. Ich habe immer Kontakt zu Freunden.

18 1. b, 2. b, 3. a, 4. b, 5. a, 6. b

19 1. Guten Morgen, Chef! Der neue Mechaniker ist da.
2. Bitte, setzen Sie sich, Herr Thaler.
3. Hier sind Ihre Kollegen. Das ist Milan.
4. Haben alle etwas? Also dann, zum Wohl!

8 Meine Wohnung

1 2. der Sonnenschirm, 3. der Drucker, 4. die Waschmaschine, 5. der Herd, 6. der Kühlschrank

3 2. Dann ist sie in der Küche und bekommt ihr Frühstück. 3. Später ist sie im Bad und geht auf die Toilette. 4. Die Katze ist auf dem Balkon und liegt in der Sonne. 5. Jetzt ist sie im Kinderzimmer und spielt.

4 2. Zimmer, 3. Wohnung, 4. der, 5. alt, 6. sitze, 7. Musik, 8. und, 9. telefoniere, 10. mit, 11. Arbeit, 12. dort, 13. für, 14. Büro, 15. gut, 16. auch, 17. Schreibtisch 18. weiß, 19. Bett, 20. Wochenende, 21. bin, 22. du

5 2. Nähe, 3. Miete, 4. Zentrum, 5. Aufzug, 6. Wohnfläche, 7. Balkon, 8. Räume, 9. Zimmer

6 2. billig, 3. dunkel, 4. laut, 5. zentral, 6. neu

7 1b zu, 2a sehr, 2b zu, 3a zu, 3b sehr, 4a zu, 4b sehr

8 2. das – ins, 3. die – in die, 4. der – in den, 5. der – in den, 6. die – in die, 7. die – in die

9 2. Einladung, 3. leider, 4. nicht, 5. geht, 6. muss, 7. Hoffentlich, 8. Spaß, 9. Grüße

10 2. Wer muss den Vertrag unterschreiben? 3. Wann und wo kann ich den Schlüssel holen? 4. Wann wollt ihr umziehen? 5. Wann müsst ihr die Kisten packen? 6. Warum müsst ihr die alte Wohnung putzen?

11a auf, hinter, über, in, auf, neben, über, vor, auf, zwischen

11b 2. in der 3. Auf dem, 4. Neben dem, 5. auf dem, 6. Über/Hinter dem, 7. vor dem, 8. Hinter der, 9. über der, 10. zwischen der, 11. auf dem

12 ☺ ☺ Das ist echt klasse! Ich finde das wirklich toll. Das ist ja super! Einfach schön! Toll!
☺ – 😐 Na ja, es ist nicht schlecht. Das gefällt mir nicht so gut. Ich finde es ziemlich okay.
☹ ☹ Ich finde es nicht schön. Das finde ich total langweilig. Ich finde das wirklich hässlich. Das gefällt mir überhaupt nicht.

13a Vorteile: 1. sehr viel Platz, alles ist hell; 2. mit Garten, Häuser ganz neu; 3. richtiges Reethaus; 4. kann über die Stadt sehen, Zimmer schön hell; 5. Zimmer sehr hoch, kennen die Nachbarn
Nachteile: A nicht schön, Aufzug ist langsam, kenne meine Nachbarn nicht; B Fenster klein, Zimmer ziemlich dunkel, muss immer etwas renovieren, teuer; C kein Aufzug im Haus; D im Winter Wohnung oft kalt; E: alle sehen gleich aus, ein bisschen langweilig

13b 2E, 3B, 4A, 5C

14 1. klein, 2. praktisch, 3. teuer, 4. weit, 5. Das, 6. Ich, 7. Nachbarn, 8. ist, 9. gibt, 10. nach, 11. im, 12. alt, 13. schön, 14. grau, 15. gern

9 Alles Arbeit

1 1. H, G, C; 2. F, E, A; 3. B, I, D

2 2. das Krankenhaus, 3. das Kaufhaus, 4. die Werkstatt, 5. der Kindergarten, 6. die Bäckerei, 7. die Buchhandlung, 8. das Büro

3 2. Meine, 3. Hobby, 4. anstrengend, 5. verdiene, 6. Studium, 7. Manchmal, 8 stressig, 9. interessant, 10. zu, 11. Stress

4a Von links nach rechts: E – B – D – A – C

4b

Dann	hat	er ein paar Stunden zu Hause	gelernt.
Später	ist	er zur Uni	gegangen.
Am Abend	hat	Sven in einer Kneipe	gearbeitet.
In der Nacht	ist	er mit dem Bus nach Hause	gefahren.

5a 2. geholt, 3. gehört, 4. recherchiert, 5. gesucht, 6. gefragt, 7. geantwortet, 8. gereist, 9. gewohnt, 10. geendet

5b gechattet, gesurft, getwittert

6a

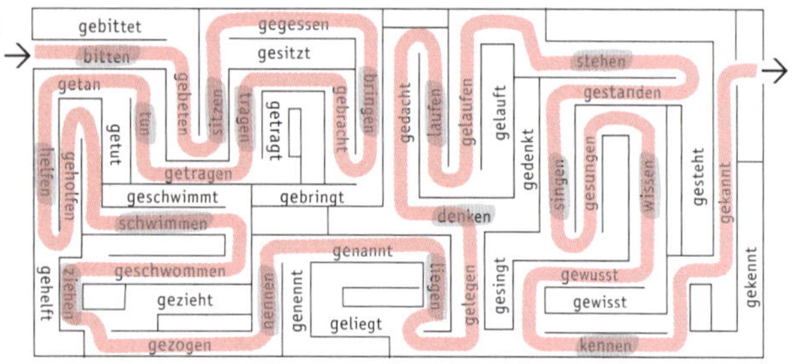

6b 2. geholfen, 3. gelegen, 4. geschwommen, 5. gesungen, 6. gelaufen, 7. gesessen, 8. gestanden, 9. getragen, 10. getan, 11. gebracht, 12. gedacht, 13. gekannt, 14. gewusst, 15. genannt

6c gebracht, gedacht, gekannt, gewusst, genannt

7 1. ist, 2. hat, 3. hat, 4. ist, 5. haben, 6. ist, 7. ist

8

Haben	Sie die Antwort	gewusst?
Ist	Carina gestern	gejoggt?
Habt	ihr dem Freund	geholfen?
Sind	Sie allein	gefahren?

9 2F, 3A, 4E, 5C, 6B

10 2. geöffnet, 3. arbeiten, 4. am Wochenende, 5. Arbeitszeit, 6. kostenlos, 7. verdiene, 8. anfangen

11 2. stark, 3. für, 4. spricht, 5. möchte, 6. sie, 7. Kindern, 8. Studio, 9. Sport, 10. Bezahlung, 11. will, 12. Job, 13. bekommt, 14. findet, 15. kommunikativ, 16. möchtest

12 1. und, 2. aber, 3. oder, 4. aber, 5. und, 6. oder, 7. aber

13 1. Buchhandlung Wagner, guten Tag! Sie sprechen mit Frau Berg. 2. Guten Tag! Hier ist Tina Schwarz. Ich habe eine Frage. 3. Ja, bitte? Was kann ich für Sie tun? 4. Kann ich Frau Oberhofer sprechen, bitte? 5. Entschuldigung, können Sie den Namen bitte wiederholen?

14 Petra Kocher ist Kellnerin auf dem Oktoberfest. Sie arbeitet drei Wochen. Oft trägt sie 20 Kilo. (Sie trägt oft 20 Kilo. / Sie muss oft 20 Kilo tragen.) Sie verdient viel Geld.
Günter Sachs ist Verkäufer auf dem Weihnachtsmarkt. Er arbeitet im Dezember. Er trägt warme Kleidung. (Er muss warme Kleidung tragen.) Er verkauft Dresdner Stollen.

10 Kleidung und Mode

1 2. du, 3. Party. 4. bist, 5. siehst, 6. ist, 7. Danke

4

	Beruf	Lieblings-kleidung	Er/Sie mag keine ...
Helena	Programmiererin	Sweatshirt	Stiefel
Anna	Sportlehrerin	Mütze	Jacken
Ali	Student	Jeans	Gürtel
Max	Reiseführer	Stiefel	Pullover

5 2. Welches, 3. rechts, 4. das, 5. wie, 6. Hemd, 7. toll, 8. wirklich, 9. schrecklich, 10. gut, 11. dieser, 12. Welcher, 13, Farben, 14. Blau, 15. mag, 16. gefällt, 17. oder, 18. nicht, 19. diese, 20. Super, 21. Hose, 22. suchst, 23. weiß, 24. wieder

6 2. Welcher, 3. Welches, 4. Welcher, 5. Welche, 6. Welche, 7. Welchen, 8. Welches, 9 Welchen, 10. Welche

7 2. Welcher? – Na, dieser hier.
3. Welchen? – Na, diesen hier.
4. Welches? – Na, dieses hier.
5. Welche? – Na, diese hier.
6. Welches? – Na, dieses hier.

8 2. empfohlen, 3. bezahlt, 4. angekommen, 5. probiert, 6. ausgesehen, 7. umgetauscht, 8. zurückgeschickt

9 2. kommen – bekommen – ankommen
gekommen – bekommen – angekommen
3. stehen – verstehen – aufstehen
gestanden – verstanden – aufgestanden
4. schicken – verschicken – zurückschicken
geschickt – verschickt – zurückgeschickt
5. schreiben – beschreiben – aufschreiben
geschrieben – beschrieben – aufgeschrieben
6. stellen – bestellen – vorstellen
gestellt – bestellt – vorgestellt

10a 2. gesehen, 3. gefahren, 4. gekommen, 5. gegangen, 6. gestanden

10b 2. angesehen, 3. weggefahren, 4. angekommen, 5. weggegangen, 6. aufgestanden

11 2. hat – empfohlen, 3. haben – unterschrieben, 4. habe – gewonnen, 5. hat – gefallen, 6. hat – begonnen

12 1. mir, 2. ihr, 3. ihn, 4. ihnen, 5. sie, 6. dir

13 2D, mir; 3A, mir; 4B, dir; 5C, uns

14 ... braucht ein Geschenk für ihre Freundin Eva. Sie hat nächste Woche Geburtstag. Katrin möchte ihr ein paar DVDs schenken. Michael sucht im Erdgeschoss eine Tasche für seine Kamera. Er möchte auch das Fotozubehör ansehen. Fotografieren ist sein Hobby. Katrin und Michael wollen in einer Stunde in der Cafeteria im 3. Stock Kaffee trinken.

15 2. ~~der Kaffee~~ – Schreibwaren
3. ~~der Schmuck~~ – Sportartikel
4. ~~der Tee~~ – Technik
5. ~~das Kochbuch~~ – Spielwaren
6. ~~das Messer~~ – Lebensmittel

16 1. a, 2. a, 3. b, 4. a

11 Gesund und munter

1 regelmäßig Sport oder Yoga <u>machen</u>, lange genug <u>schlafen</u>, nicht zu viel <u>arbeiten</u>, viel Wasser <u>trinken</u>, nicht immer mit dem Auto <u>fahren</u>

2 2A, 3E, 4B, 5C

3 2. du, 3. leben, 4. Freunde, 5. bis, 6. ist, 7. für, 8. und, 9. finden, 10. auch, 11. Essen, 12. geht, 13. wenig, 14. viel, 15. gesund, 16. Hause

4 2. ei<u>nen</u>, 3. Hoff<u>entlich</u>, 4. <u>genug</u>, 5. er<u>st</u>, 6. Wi<u>e</u>, 7. <u>jetzt</u>, 8. Al<u>les</u>, 9. <u>groß</u>, 10. a<u>ber</u>, 11. w<u>iegst</u>, 12. s<u>agen</u>, 13. br<u>auche</u>, 14. Te<u>st</u>, 15. ung<u>efähr</u>, 16. d<u>ann</u>, 17. F<u>itness</u>

5 der Ellbogen, die Ellbogen; der Bauch, die Bäuche; das Bein, die Beine; der Kopf, die Köpfe; der Finger, die Finger; der Hals, die Hälse; die Hand, die Hände; das Herz, die Herzen; das Knie, die Knie; der Rücken, die Rücken; der Fuß, die Füße

6 mit dem Mund – <u>schmecken</u>
mit den Augen – <u>sehen</u>
mit den Ohren – <u>hören</u>
mit der Nase – <u>riechen</u>
mit den Beinen – <u>gehen</u>

7 1C, steh; 2E, spann … an; 3A, streckt … aus; 4D, zieht … hoch; 5B, halt … gerade

8 <u>Katze:</u> Kletter nicht auf den Schrank! Komm zu mir! Sei ganz lieb!
<u>Hunde:</u> Geht vom Bett weg! Lauft nicht weg! Seid nicht so laut! Spielt mit dem Ball!

9

		1					2				
	3	S	E	I	F	E	D				4
	5	H	A	N	D	T	U	C	H		B
6	K	A	M	M			S				U
		M				7	C	R	E	M	E
		P					H				R
		O					G				S
8	F	O	E	H	N		E				T
							L				E

<u>Lösungswort:</u> Gesundheit

10 2. hat … wehgetan, 3. ist … gegangen, 4. hat … gemacht, 5. hat … gegeben, 6. hat … geholt, 7. hat … gewechselt, 8. ist … geblieben, 9. hat … bewegt

11

… ich	soll	mehr	schlafen.
… du	sollst	nicht so viel	arbeiten.
… Herr Wagner	soll	nicht Auto	fahren.
… Frau Perfler	soll	oft den Verband	wechseln.
… wir	sollen	weniger Fleisch	essen.
… ihr	sollt	viel mehr Wasser	trinken.
… Herr und Frau Aist	sollen	im Bett	bleiben.

12 2. darf nicht, 3. darf, 4. muss, 5. darf nicht, 6. muss, 7. darf nicht, 8. darf, 9. muss, 10. muss, 11. darf, 12. darf nicht

13 2. Seit wann haben Sie die Schmerzen? 3. Haben Sie auch Fieber? 4. Darf ich in die Firma gehen? 5. Wie lange muss ich im Bett bleiben? 6. Wie oft muss ich die Tropfen nehmen?

14 1. … Mir geht es gar nicht gut. 2. Was tut Ihnen denn weh, Frau Wagner? 3. Wie lange haben Sie das Fieber schon? Und haben Sie auch Husten? 4. Frau Wagner, ich gebe Ihnen ein Rezept für Tabletten. 5. Wann muss ich die Tabletten nehmen? Vor oder nach dem Essen?

15 2. müde, 3. will, 4. Tipp – Trink Milch mit Honig! 5. Schnupfen, 6. probiert, 7. nehmen, 8. Gibt – Mach Hühnersuppe! Iss die Suppe heiß! 9. Arzt, 10. Medikamente, 11. Hausmittel, 12. helfen – Koch Kartoffeln! Bind sie um den Hals! 13. Ordnung, 14. Schmerzen, 15. tun, 16. Hilfe – Probier diesen Tipp: Nimm eine Nelke in den Mund!

16 2. ~~der Patient~~, 3. ~~gesund~~, 4. ~~das Fieber~~, 5. ~~die Arzthelferin~~

12 Ab in den Urlaub

1 der Campingurlaub, der Stadturlaub, der Skiurlaub, der Sommerurlaub, der Winterurlaub

2 Hamburg: ~~die Badehose~~, ~~der Fußball~~ – der Stadtplan, die Abendkleidung
Bodensee-Camping: ~~der Helm~~, ~~die Abendkleidung~~ – der Fußball, der Schlafsack
Skiwelt Amadé: ~~die Sandalen~~, ~~der Stadtplan~~ – die Winterjacke, der Helm
Rügen/Ostsee: ~~der Schlafsack~~, ~~die Winterjacke~~ – die Sandalen, die Badehose

3 1. nie, 2. Er, 3. braucht, 4. auch, 5. darf, 6. Sonne, 7. immer, 8. Stadtplan, 9, hat, 10. Platz, 11. praktisch, 12. auf, 13. Arbeit, 14. Sport, 15. nimmt, 16. mit, 17. im, 18. überall, 19. Informationen, 20. Kontakt, 21. halten, 22. wichtig

5 2. Seht ein Stück im Thaliatheater an! 3. Besichtigt das Teemuseum! 4. Geht im Schanzenviertel shoppen! 5. Besucht eine typische Kneipe! 6. Probiert in der Kneipe Labskaus!

6 der Aufzug, der Ausweis, das Einzelzimmer, die Kreditkarte, der Reisepass, der Schlüssel, die Unterschrift

7 2. reservieren, 3. unterschreiben, 4. zeigen, 5. bezahlen, 6. bekommen

8 Von oben nach unten: 5 – 4 – 1 – 3 – 6 – 2

9 2. komme, 3. nimmst, 4. bis, 5. fährt, 6. warten, 7. musst, 8. Nummer, 9. fährst, 10. Haltestelle, 11. weit, 12. an, 13. wohne, 14. einfach

10

~~Liebe~~ Michael,	Lieber
ich bin mit Elena bis Sonntag ~~aus~~ Hamburg. Hier	in
~~sind~~ es sehr schön. Aber ~~die~~ Wetter ist schlecht.	ist, das
Gestern ~~es war~~ windig und sehr kalt, aber heute	war es
~~scheinen~~ die Sonne. Und morgen ~~regnen~~ es wieder.	scheint, regnet
Wir ~~hat~~ in Hamburg schon viel ~~geseht~~: Wir sind	haben, gesehen
in ~~eine~~ Museum gegangen und wir ~~haben~~ mit	ein, sind
~~eine~~ Schiff durch den Hafen gefahren. Das war toll!	einem
Unser Hotel ist klein und schön, ~~sie~~ ist auch nicht	es
teuer. Aber wir ~~braucht~~ viel Geld beim Shoppen.	brauchen
Viel ~~Grüßen in~~ Hamburg,	Grüße aus
~~dein~~ Hanna	deine

11 2. Im Campingurlaub kann man im Zelt schlafen und in der Sonne liegen. 3. Im Stadturlaub kann man ins Theater gehen, shoppen und eine Stadtführung mitmachen. 4. Im Badeurlaub kann man im Meer schwimmen und in der Sonne liegen. 5. Im Skiurlaub kann man jeden Tag Skifahren.

12 2. Am ersten Abend haben sie den Weg zurück nicht mehr gefunden. 3. Nach zwei Stunden hat ein Taxifahrer ihnen geholfen. 4. Christian und seine Freundin sind zum Skifahren nach Salzburg geflogen. 5. Am Flughafen in Salzburg hat Christian den falschen Koffer genommen. 6. Christian hat drei Tage lang viel geschlafen und ferngesehen. 7. Nach drei Tagen hat er endlich seinen Koffer bekommen.

13 2. Wo war Alexa? 3. Wen haben sie getroffen? 4. Wie war das Wasser? 5. Was haben sie gemacht? 6. Wohin sind sie gefahren? 7. Was ist passiert? 8. Wer hat Alexa geholfen? 9. Mit wem (wie) ist sie zurückgefahren?

14 1. Zuerst hat Alexa einen Kaffee getrunken. 2. Dann ist der Bus ohne sie weggefahren. 3. Später hat ihr eine Kellnerin geholfen. / Später hat eine Kellnerin ihr geholfen. 4. Zum Schluss ist Alexa glücklich in Göteborg angekommen.

15 2A, 3E, 4B, 5C

16 1. nass., 2. zu kalt., 3. duschen., 4. zu weich., 5. sauber machen., 6. reparieren.

17 1. Entschuldigen Sie. Es gibt ein Problem im Bad.
2. Das tut mir leid. Was ist das Problem?
3. Ich bin nicht zufrieden. Können Sie mir ein anderes Zimmer geben?

trennbare Verben

Infinitiv	Präsens	Partizip II
abholen	er/sie holt … ab	hat … abgeholt
abrechnen	er/sie rechnet … ab	hat … abgerechnet
anfangen	er/sie fängt … an	hat … angefangen
ankommen	er/sie kommt … an	ist … angekommen
ankreuzen	er/sie kreuzt … an	hat … angekreuzt
anmalen	er/sie malt … an	hat … angemalt
anmelden	er/sie meldet … an	hat … angemeldet
anprobieren	er/sie probiert … an	hat … anprobiert
anrufen	er/sie ruft … an	hat … angerufen
ansehen	er/sie sieht … an	hat … angesehen
anspannen	er/sie spannt … an	hat … angespannt
ansprechen	er/sie spricht … an	hat … angesprochen
anziehen	er/sie zieht … an	hat … angezogen
aufhängen	er/sie hängt … auf	hat … aufgehängt
aufhören	er/sie hört … auf	hat … aufgehört
auflegen	er/sie legt … auf	hat … aufgelegt
aufräumen	er/sie räumt … auf	hat … aufgeräumt
aufschreiben	er/sie schreibt … auf	hat … aufgeschrieben
aufstehen	er/sie steht … auf	ist … aufgestanden
ausdrücken	er/sie drückt … aus	hat … ausgedrückt
ausgehen	er/sie geht … aus	ist … ausgegangen
aushalten	er/sie hält … aus	hat … ausgehalten
ausladen	er/sie lädt … aus	hat … ausgeladen
ausprobieren	er/sie probiert … aus	hat … ausprobiert
aussehen	er/sie sieht … aus	hat … ausgesehen
aussteigen	er/sie steigt … aus	ist … ausgestiegen
ausstrecken	er/sie streckt … aus	hat … ausgestreckt
auswählen	er/sie wählt … aus	hat … ausgewählt
einatmen	er/sie atmet … ein	hat … eingeatmet
einfüllen	er/sie füllt … ein	hat … eingefüllt
einkaufen	er/sie kauft … ein	hat … eingekauft
einladen	er/sie lädt … ein	hat … eingeladen
einlegen	er/sie legt … ein	hat … eingelegt
einpacken	er/sie packt … ein	hat … eingepackt
einsammeln	er/sie sammelt … ein	hat … eingesammelt
einschlafen	er/sie schläft … ein	ist … eingeschlafen
einsteigen	er/sie steigt … ein	ist … eingestiegen
fernsehen	er/sie sieht … fern	hat … ferngesehen
hinlegen	er/sie legt … hin	hat … hingelegt
hochladen	er/sie lädt … hoch	hat … hochgeladen
hochziehen	er/sie zieht … hoch	hat … hochgezogen
kennenlernen	er/sie lernt … kennen	hat … kennengelernt
leidtun	er/sie tut … leid	hat … leidgetan
losgehen	er/sie geht … los	ist … losgegangen

Infinitiv	Präsens	Partizip II
mitbringen	er/sie bringt … mit	hat … mitgebracht
mithaben	er/sie hat … mit	hat … mitgehabt
mitkommen	er/sie kommt … mit	ist … mitgekommen
mitmachen	er/sie macht … mit	hat … mitgemacht
nachsprechen	er/sie spricht … nach	hat … nachgesprochen
rausgehen	er/sie geht … raus	ist … rausgegangen
stattfinden	er/sie findet … statt	hat … stattgefunden
umsteigen	er/sie steigt … um	ist … umgestiegen
umtauschen	er/sie tauscht … um	hat … umgetauscht
umziehen	er/sie zieht … um	ist … umgezogen
vorbereiten	er/sie bereitet … vor	hat … vorbereitet
vorstellen	er/sie stellt … vor	hat … vorgestellt
weggehen	er/sie geht … weg	ist … weggegangen
weglassen	er/sie lässt … weg	hat … weggelassen
wehtun	er/sie tut … weh	hat … wehgetan
weitersuchen	er/sie sucht … weiter	hat … weitergesucht
zubereiten	er/sie bereitet … zu	hat … zubereitet
zuhören	er/sie hört … zu	hat … zugehört
zuordnen	er/sie ordnet … zu	hat … zugeordnet
zurückschicken	er/sie schickt … zurück	hat … zurückgeschickt
zusammenpassen	er/sie passt … zusammen	hat … zusammengepasst
zusammenziehen	er/sie zieht … zusammen	ist … zusammengezogen

Verben mit Präfix – nicht trennbar

Infinitiv	Präsens	Partizip II
bedeuten	er/sie bedeutet	hat … bedeutet
beenden	er/sie beendet	hat … beendet
beginnen	er/sie beginnt	hat … begonnen
bekommen	er/sie bekommt	hat … bekommen
berichten	er/sie berichtet	hat … berichtet
beschreiben	er/sie beschreibt	hat … beschrieben
beschweren	er/sie beschwert	hat … beschwert
besichtigen	er/sie besichtigt	hat … besichtigt
bestellen	er/sie bestellt	hat … bestellt
besuchen	er/sie besucht	hat … besucht
bewegen	er/sie bewegt	hat … bewegt
bewerben	er/sie bewirbt	hat … beworben
bezahlen	er/sie bezahlt	hat … bezahlt
empfehlen	er/sie empfiehlt	hat … empfohlen
entschuldigen	er/sie entschuldigt	hat … entschuldigt
ergänzen	er/sie ergänzt	hat … ergänzt
erklären	er/sie erklärt	hat … erklärt
erzählen	er/sie erzählt	hat … erzählt
gefallen	er/sie gefällt	hat … gefallen

Infinitiv	Präsens	Partizip II
genießen	er/sie genießt	hat ... genossen
gewinnen	er/sie gewinnt	hat ... gewonnen
übernehmen	er/sie übernimmt	hat ... übernommen
überraschen	er/sie überrascht	hat ... überrascht
unterschreiben	er/sie unterschreibt	hat ... unterschrieben
unterstreichen	er/sie unterstreicht	hat ... unterstrichen
verabreden	er/sie verabredet	hat ... verabredet
verabschieden	er/sie verabschiedet	hat ... verabschiedet
verbinden	er/sie verbindet	hat ... verbunden
verdienen	er/sie verdient	hat ... verdient
vergessen	er/sie vergisst	hat ... vergessen
vergleichen	er/sie vergleicht	hat ... verglichen
verkaufen	er/sie verkauft	hat ... verkauft
verkleiden	er/sie verkleidet	hat ... verkleidet
verpassen	er/sie verpasst	hat ... verpasst
verraten	er/sie verrät	hat ... verraten
verschicken	er/sie verschickt	hat ... verschickt
verstehen	er/sie versteht	hat ... verstanden
verteilen	er/sie verteilt	hat ... verteilt
wiederholen	er/sie wiederholt	hat ... wiederholt
zerdrücken	er/sie zerdrückt	hat ... zerdrückt

Über Grammatik sprechen

Beispiel	Terminus	in Ihrer Sprache
a, b, c, d, e, f, g ...	der Buchstabe	______
b, c, d, f, g, h, j ...	der Konsonant	______
a, e, i, o, u	der Vokal	______
ä, ö, ü	der Umlaut	______
Ich / wohnen / in / Frankfurt.	das Wort	______
Ich wohne in Frankfurt.	der Satz / der Aussagesatz	______
Wie heißt du? Wo wohnen Sie?	die Frage: die W-Frage	______
Gehen wir ins Kino? Hast du Zeit?	die Ja-/Nein-Frage	______
Gehen Sie links! Sei ganz ruhig! Haltet den Rücken gerade.	die Aufforderung / der Aufforderungssatz	______
gehen, kommt, war, getrunken ...	das Verb	______
gehen, kommen, sein, trinken ...	der Infinitiv	______
ich gehe, du gehst, er geht ...	die Formen / die Verbformen	______
können, wollen, müssen, dürfen	das Modalverb	______
anrufen, aufstehen, aussteigen	das trennbare Verb	______
verstehen, entschuldigen	das nicht trennbare Verb	______
ich fahre – du fährst; ich lese – du liest	das unregelmäßige Verb	______
Geh! Lies! Lauft! Nehmt! Kommen Sie! Steigen Sie ein!	der Imperativ	______

Beispiel	Terminus	in Ihrer Sprache
Daniel hat drei Stunden lang gelernt.	das Perfekt	___
gemacht, gegangen, gebracht, telefoniert	das Partizip II	___
machen – gemacht, warten – gewartet	regelmäßige Verben	___
gehen – gegangen, bringen – gebracht	unregelmäßige Verben	___
Daniel hat drei Stunden gelernt. Er ist nach Hause gegangen.	das Hilfsverb	___
Der Tag war schön. Wir hatten Spaß.	das Präteritum	___
der Bahnhof, das Hotel, die Straße	das Substantiv	___
der Bahnhof, das Hotel, die Straße	der Artikel	___
der Bahnhof, der Fluss	maskulin	___
das Hotel, das Rathaus	neutrum	___
die Straße, die Stadt	feminin	___
der/ein Bahnhof, das/ein Hotel, die/eine Straße	Singular	___
die Bahnhöfe, die Hotels, die Straßen	Plural	___
der, das, die; ein, eine; kein, keine; dieser, dieses, diese; mein, dein …	Artikelwörter	___
der, das, die	der bestimmte Artikel	___
ein, ein, eine	der unbestimmte Artikel	___
kein, kein, keine	der Negationsartikel	___
mein, dein, sein …	der Possessivartikel	___
Welcher Zug? Welches Haus? Welche Stadt?	der Interrogativartikel	___
dieser Zug, dieses Haus, diese Stadt	der Demonstrativartikel	___
ich, du, er, es, sie …	das Personalpronomen	___
grün, alt, schön, cool, schnell …	das Adjektiv	___
für, mit, von, in, an, auf …	die Präposition	___
in, an, auf, …: Wir stellen das Sofa ins Wohnzimmer. Das Sofa steht im Wohnzimmer.	die Wechselpräposition	___
bei dem – beim; in dem – im; zu der – zur; an dem – am	die Kurzform	___
zuerst, später, dann, zuletzt	Zeitadverbien	___
Wer?, Wo?, Wohin?, Was?, Wann?, Wie?, Warum?, …	das Fragewort, das W-Wort	___
Es regnet und es ist kalt. Es ist kalt, aber es regnet nicht.	das Verbindungswort	___
Der Mann, ein Baby, keine Frau lacht.	der Nominativ	___
Ich sehe den Mann / ein Baby / keine Menschen / dich.	der Akkusativ	___
Wir helfen dir! Ich spreche mit der Chefin.	der Dativ	___

Buchstaben und Laute

	Man schreibt ...	Man spricht ...	Beispiel		Man schreibt ...	Man spricht ...	Beispiel
a A	a aa ah	a (lang)	**a**ber, J**ah**r, P**aa**r	**m M**	m mm	m	**M**ensch, i**mm**er
	a	a (kurz)	**a**rbeiten, kr**a**nk	**n N**	n nn	n	**n**ach, begi**nn**en
	ä, äh	ä (lang)	sp**ä**t, w**äh**len	**o O**	o oh oo	o (lang)	gr**o**ß, S**oh**n, B**oo**t
	ä	e (kurz)	**Ä**pfel		o	o (kurz)	**o**ft, k**o**sten
	äu	oi	er l**äu**ft		ö öh	ö (lang)	**Ö**l, sch**ö**n, S**öh**ne
	ai	ai	M**ai**		ö	ö (kurz)	k**ö**nnen
	au	au	**au**ch, br**au**chen	**p P**	p pp	p	**P**ark, Su**pp**e
b B	b	b	**b**is, sie**b**en		ph	f	Al**ph**abet, Saxo**ph**on
	-b	p	Ver**b**	**q Q**	qu	kw	**Qu**iz
c C	ch	(i)ch	i**ch**, wi**ch**tig	**r R**	r rh rr	r	**r**echts, **Rh**ythmus, He**rr**
	ch	(a)ch	ma**ch**en, Ku**ch**en	**s S**	s ss	s	**s**ich, e**ss**en
	chs	ks	se**chs**, der nä**chs**te		s	s	**S**onne, **s**ehen
d D	d	d	**d**as, fin**d**en		sch	sch	**sch**ön, Ge**sch**enk
	-d	t	Bil**d**		sp	schp	**sp**ät, **sp**rechen
	-dt	t	Sta**dt**		st	scht	**St**ück, **st**ehen
e E	e ee eh	e (lang)	L**e**ben, M**ee**r, g**eh**t		st	st	Sam**st**ag, lu**st**ig
	e	e (kurz)	**e**ssen, l**e**rnen		ß	s	gro**ß**, hei**ß**en
	-e	e	Flasch**e**	**t T**	t th tt	t	**T**ag, **Th**eater, bi**tt**e
	-er	a	Mutt**er**		-t(ion)	ts	Informa**t**ion
	eu	oi	**eu**ch, h**eu**te	**u U**	u uh	u (lang)	g**u**t, **Uh**r
f F	f, ff	f	**F**lasche, o**ff**en		u	u (kurz)	**u**nd, B**u**s
g G	g	g	**g**ern,		ü üh	ü (lang)	**ü**ber, fr**üh**
	-g	k	Ta**g**		ü	ü (kurz)	m**ü**ssen
h H	h	h	**h**eißen, **h**elfen	**v V**	v	w	**v**ariieren
i I	i ie ih ieh	i (lang)	Kl**i**nik, l**ie**ben, **ih**n, s**ieh**t		v	f	**v**iel, **V**ater
	i	i (kurz)	**i**mmer, l**i**nks	**w W**	w	w	**w**ann, sch**w**immen
	-ig	-ich	wicht**ig**	**x X**	x	ks	Pra**x**is, Bo**x**er
j J	j	j	**J**ahr, **J**uli	**y Y**	y	ü (lang)	t**y**pisch
k K	k ck	k	**K**äse, Bä**ck**erei		y	ü (kurz)	S**y**mbol
l L	l ll	l	**L**eben, bi**ll**ig	**z Z**	z	ts	**Z**ahl, ankreu**z**en